每天的生活，都是靈魂的精心創造

You create your own reality.

每天的生活，都是靈魂的精心創造

You create your own reality.

You create your own reality.

每天的生活，都是靈魂的精心創造

謝明君作品 3

盡興而歸
——我在臨終與告別學到的一些事

作者——謝明君
總編輯——李佳穎
責任編輯——張郁琦
美術設計——黃鳳君
發行人——許添盛
出版發行——賽斯文化事業有限公司
地址——新北市新店區中央七街 26 號 4 樓
電話——22196629
傳真——22193778
郵撥——50044421
版權部——李宜懃
數位出版部——李志峯
行銷業務部——楊婉慈
網路行銷部——高心怡
法律顧問——北辰著作權事務所
印刷——鴻柏印刷事業股份有限公司
總經銷——大和書報圖書股份有限公司
地址——新北市新莊區五工五路 2 號
電話——89902588　傳真——22997900
2025 年 4 月 1 日　初版一刷
2025 年 6 月 15 日　初版二刷
售價新台幣 360 元（缺頁或破損的書，請寄回更換）

ISBN 978-626-7332-97-9
賽斯文化網站 http://www.sethtaiwan.com

謝明君心理師——著

盡興而歸

我在臨終與告別學到的一些事

Things I Have Learned from My Parents' Death

關於賽斯文化

發行人 許添盛醫師

我是個腳踏實地的理想主義者。賽斯文化，是為了推廣賽斯心法及身心靈健康理念而成立的文化事業，希望透過理性與感性層面，召喚出人類心靈的「愛、智慧、內在感官及創造力」，讓每位接觸我們的讀者，具體感受「每天的生活，都是靈魂的精心創造」（You create your own reality）。我們計畫出版符合新時代賽斯精神之書籍、有聲書、影音商品及生活用品，並提攜新進的身心靈作家，致力於賽斯思想及身心靈健康觀念的推廣，期待與大家攜手共創身心靈健康新文明。

記 我的爸爸媽媽

盡與而歸

我在臨終與告別學到的一些事

Things I Have Learned From My Parent' Death

目錄

關於賽斯文化

推薦人的話／如果當年有這本書就好了　謝欣頤　8

推薦人的話／一場深層的靈魂對話　王淳　11

自序／溫柔的對待生命　13

1 沒有此死，此生不能適當的結束　15

2 死亡與生命一樣，帶著價值完成的特性　35

3 臨終與告別：不捨與放手的兩難　51

4 一個分離的過程與一段失落的體悟　75

5 通過：勇敢的進入情緒，把力量帶回給自己　107

6 完成自己的生命，積極地走向死亡 145
7 臨終準備是一輩子的功課，告別重生是要一次又一次 169
8 死亡恐懼與存在焦慮 187
9 靈魂永生：從轉世關係理解緣分，找到自己現在的位置 223
10 我們在玩一個多麼愉快的遊戲啊 267
後記／有一天會把日子忘掉 286
愛的推廣辦法

〈推薦人的話〉

如果當年有這本書就好了

謝欣頤

認識明君心理師已經超過二十年了。我對謝爸爸、謝媽媽最深的印象是，每年龍眼產季時，他們會熱情地讓明君帶著收拾過的龍眼到辦公室分給大家吃。謝爸爸家的龍眼不是市面上改良過的品種，而是已經很少見的土龍眼，味道濃郁芳香。

我還記得，謝爸爸曾因為小孫女愛吃草莓，特別研究種植方法，是個充滿愛的阿公。而謝媽媽就像鄰家媽媽一樣，疼愛孩子、擅長料理，還常因拜拜的事與孩子們「大戰三百回合」。那時我們都還年輕，總愛彼此吐槽父母，看不慣他們的老派與固執。如今回想，當時義憤填膺的那些事已經完全不復記憶，而那些曾經的抱怨與瑣碎小事，如今想來，只覺得尋常而溫暖。

我第一次感受到死亡的威脅，是在差不多二十年前，當時爸爸被診斷出末期癌症。他的身體一直很好，這個消息對我們家而言，無異於晴天霹靂。

那時，我剛接觸身心靈領域，拼命上課學習，也強迫他去上課，甚至每天都讀大量心靈療癒書籍，書頁上畫滿紅線，再放在他的桌上，就像小時候他督促我學習一樣，希望他能閱讀、吸收。如果他偷懶不看，我就會生氣。每個月去醫院拿報告的時候，我總覺得自己像是在等待上天的宣判——看看這次是死刑，還是死緩。

父親過世後，我經歷了很長一段知覺麻痺的日子。生活一切如常，但內心卻空蕩蕩的，像是一艘關閉了動力、漂浮在暗黑宇宙中的太空船。

少年時，我花了大量時間背誦那些如今只需一分鐘就能在搜尋引擎找到的知識，卻從沒有人教過我，當面對生死大事時，應該如何應對。

當我讀到明君心理師這本書的初稿時，我哭了很多次。那些塵封在記憶深處、彷彿被冰封的記憶碎片與感受，瞬間席捲而來——悲傷、遺憾，還有深深的自責。

如果當年有這本書就好了。或許，我能更溫柔地對待生病的父親，多帶他去唱幾次KTV，多陪他去看幾場球賽。而我自己，也許能更寬宥那個不完美的自己，接受「做不好也沒關係」，因為那些不完美，都是生命完美計劃的一部分。

這是一本很好看的書，講述了一段本應無比哀傷、痛徹心扉的過程，但在明君心理師的分享下，卻笑淚交織。她像一位溫暖的朋友，真誠地分享她在這段旅程中的哀傷、無助、脆弱，以及無與倫比的勇氣。

她用自身的經歷告訴我們：即使在最無助的時候，也能練習相信；即使悲傷至極，也能嘗試穿越；即使人生遭逢巨變，幸福仍有可能。

我誠摯地將這本書推薦給你。

（本文作者為賽斯身心靈診所心理師）

〈推薦人的話〉

一場深層的靈魂對話

王淳

有些眼淚，不再來自悲傷，而是一種釋懷。

去年姐姐離開後，我療癒沉澱許久，曾以為自己已不再那麼容易被觸動。但閱讀《盡興而歸》的過程中，淚水仍悄然浮現——不過這一次，不再只有悲傷與難過，而是在想念中帶著一份珍貴的釋懷。

生死的議題，以及那些生命裡讓人無法越過的難關，一直是我在閱讀賽斯書時不斷思索與辯證的主題。從照顧姐姐到她最終離開，每一個階段都經歷了反覆的心情掙扎與自我對話，那些難以言說的疑惑與心疼，似乎在這本書中，終於得到了明晰的看見。

讀完《盡興而歸》，我深刻體會到，真正的告別，在於我們是否能夠與逝者之間的情感，與彼此靈魂抉擇的深刻意義中，完成一場深層的對話。

身為一位心理師，也是長年閱讀賽斯書、探索靈性觀點的學習者，我深知「生死」是一道難以言說的生命課題。許多心理學書籍常以創傷、失落與哀悼為主軸，引領人們從否認與苦痛之中，逐步走向理解與修復，試圖回到日常的生命軌道。

然而，《盡與而歸》給了我更深一層的觸動。書中不僅描繪了面對父母臨終的心路歷程，更透過靈魂層次的視角，溫柔而真實地回望了那些與至親之間的糾葛、愛與笑淚交錯的感動。在深情真誠的敘說叮囑中，明君加入了對靈性意義的明晰探索，那是一種私密而深刻的覺察過程，彷彿引領我們走進生命更廣闊的價值完成道路之中。

這不只是一部書寫死亡的作品，更是一封寫給仍在努力活著的我們的信：邀請我們以更清澈的眼光，看見愛的連結，與珍視自己的智慧。

（本文作者為賽斯身心靈診所心理師）

〈自序〉
溫柔的對待生命

我的爸爸媽媽不僅在我面前活過，也在我面前死去，這兩個人用他們的生與死，教給了我此生至此最為珍貴且巨大的事物，對於個人往後人生及心理治療工作上的啟發都太過重要。如同我們能活在有賽斯書的這個實相，真的很棒；我能活在從父母死去而學到怎麼去活的這個實相，也真的很棒。於是，我想要說故事，使得爸媽在這時候這樣離開地球、發生在我身上的這段歷程，盡情地價值完成。

又如同賽斯在《靈魂永生》第二十二章講他自己轉生的例子：「我的目的並不是要很詳細地討論我的往世，而是用它們來強調某些要點。……希望能藉著給你們看我自己的實相，而教你們你們自己實相的本質。」生死這一堂大課，種種體會，如果不從爸爸和媽媽的生命說起，我實在無從說起。因此，在這整本書裡，讀者可能可以把謝爸與謝媽這兩人看作是兩位個案，容許我藉由寫下與他們一起經過的歷程，而使你認識生命及死亡，回看了解你自己此生實相，或全我生命的本質。

謝謝陪伴及幫助過爸媽、我與家人的每一位朋友。謝謝，每一位。

這一本書，是爸媽三位年紀較長的孫子——翔與碩聽打逐字稿、妞子繪畫封面，內容由我口述及整理撰寫，關於我在爸爸媽媽的活過與死去中學到的一些事。希望閱讀本書的每一位和我自己，此後都更加溫柔的對待生命，及死亡。

1

沒有此死，此生不能適當的結束

從此死回溯此生

《靈魂永生》中，賽斯說過：「我的死都沒有令我驚奇過。在過程中間我感到那不可避免性的，那認知，甚至一種熟悉感：『當然，這種特定的死法是我的，別的都不成。』於是，即使是最古怪的情形我也接受，幾乎感受到一種完美感。沒有此死，此生不能適當的結束。」底下又說：「我所有的死亡補足了我的人生，因為對我而言似乎別無他途。……可是，我的轉世人生並沒有界定我是什麼，而你的也沒界定你。」

看到這幾段話，我是震撼的，很震撼。也就是說，我的媽媽之所以那樣死去，而我的爸爸必須這麼死去，才使得他們各自的這一次人生，能夠適當的結束。原來，一個人整個生命的意義，得包含了最後的死亡，才令他生命所期望創造的全部，價值完成。如果沒有這個死亡，看不到也看不完全一個人生命整體的價值跟意義。

賽斯（或每一個人）在自己多次的轉世經驗裡，每一次都由最後的那個死亡，補足了這一世的不足之處。因此，死亡，是跟隨著每個人的生命而定義的。或者說，死亡與生命是包套安排出現的，有生就一定要有死。不僅如此，死亡會以什麼形式、怎麼發生與何時發生，是為你這一次的人生而特定裁製——但同時，又沒有界定或被限制在過程中會如何去創造，實相無邊無際，無法量度的；這是賽斯思想裡一直在談的可能性。

認識並接受死亡，是一個不容易的解謎過程，與找答案，是不同的兩種心情。解謎，是要知道發生了什麼事情，事情為什麼發生，想把它弄明白，為了能一切看明白，視野就要放很大。我必須要看見事情的全貌。而如果急著要答案，我會變得聚焦在問題上，視野就變小了。因此，理解跟接納一個人的死亡，我不得不從看見「生」或「生命」這整件事情的開始而開始。

當一個孩子誕生時，人們很少去問：這個人為什麼會生出來。甚至可能也都不曾這樣問過自己：我為什麼被生出來，為什麼來到這個世界。卻在死亡迫在眼前或已經發生的時候，問：他為什麼要死？我為什麼要死？然而，往往這時，人們不要答案，更常的是帶著某一種任性：我不要他死，我要他活回來。人們不想要生命有死亡這件事情發生。我也是這麼開始的。當不了解生命全貌時，其實很難在真正面臨死亡的時間點上，負起責來或有能力去解這道題目。一旦有了足夠大的視野，才能使死亡，有了被理解的角度。

有位我爸爸的朋友在爸爸過世時，送了我們一句話：此生乘願而來，盡與而歸。用這一句我覺得很美的話來說，生命的誕生，的確是乘願而來，而每一個死亡發生時，確實也都是盡與而歸。這就是接下來關於我爸爸媽媽的故事——從認識生命開始。

● 媽媽的故事

二〇二一年一月，媽媽因為癌症擴散而過世。她是在二〇一八年第一次診斷直腸癌三期，先經歷開刀、放射治療，然後走過一段檢查正常的過程，到二〇二〇年下半年復發，很快地，半年內最後的檢查時，醫生告訴我們她全身都是癌細胞。接下來，二〇二一年四月，爸爸在身體原本健康的狀況下，以為就是感冒，自己騎機車去醫院看門診，當天從門診轉急診，直接住院，之後再也沒有回家，因為不明原因肺炎，治療下引發了多重器官衰竭，於五月中過世。

幾個月內，媽媽、爸爸生病及過世，對我而言，卻是兩個全然不一樣的經歷。

全家人從媽媽生病到死掉，經驗到媽媽不在了，留下活著的我們感覺好悲傷、好可憐，我們還在練習往前，豈料爸爸生病，爸爸去找媽媽了。再之後，是剩下我和姊弟和其他家人們，經歷了一段長長的生活重建與新生。

到媽媽真的過世為止，即便從癌症復發到住進了安寧病房，我們其實都沒有想到她會死，我們就是不相信。當死亡真的發生之後，我覺得自己被懸在媽媽死亡的那個點上，懸在那邊，不知道該何去何從。因為不知道要怎麼辦，我唯一做的事情，是不斷去問：媽媽為什麼要死、媽媽為什麼這樣死，而媽媽死亡的意義為何？為了要知道這些，我開始回溯媽媽的生命，過程裡不知不覺，我回溯到了很遠很遠之前的地方。

外婆出生於民國年前，活了一百零二歲，於二〇〇五年過世。媽媽在手足裡排行最小，有四個姐姐、兩個哥哥。外婆過世的那一年，媽媽先是跌倒脊椎開刀住院，出院之後就陷入一段憂鬱的時光，期間甚至有兩次把累積幾十顆的安眠藥都吃掉、打算結束生命，小舅舅則因為突然中風導致語言表達及行動能力受損，並且長年都坐著輪椅。不同於小舅一病至今，後來在媽媽身上發生的事，是她有了五個孫子相繼出生，或許因為新生命的到來，她的生命有了新的意義，回溯起來，從二〇〇六年，我覺得媽媽過了她生命中很美好的十年。

直到二〇一五年。媽媽被診斷是惡性膽道癌，要開刀之前，醫生依據影像、血液等等所有的檢查，告訴我們：她可以活著出來的機率低於百分之五。開了刀才發現，原來膽道裡面充滿了結石，結石擠壓膽道，影像上就如癌細胞的不規則形狀一般。那一次的誤診，我們以為她要死掉了，就連她自己也這麼以為，但活著回來了。就在這一年的前後，媽媽最親近的兩個姐姐，分別長她二十四歲和十二歲，大姨和小姨在二〇一四、一五年相繼生病，二〇一七年先後過世。而到了該年下半，媽媽開始出現排便問題，之後開始了診斷及治療的歷程，直到二〇二一年初過世。

何以我需要把這些東西說得那麼清楚呢？因為，我好想要去理解媽媽的死亡，要接受媽媽死亡，是對當時的我們來說無比艱難的考題。

我與家人們一直在問：媽媽為什麼要死？在實相無邊無際的創造與發生的時

間之流裡，有沒有一個可能、媽媽可以不要死？我們是不是可以找到哪一個分岔點，然後帶著她一起去做些什麼，她就可以不要死？或者比較精確的說法是：媽媽可不可以不要那麼早死？七十三歲的媽媽真的還很年輕。懸在媽媽死亡那個點上，因為不知道答案，我與姐弟們，只能跟彼此一直講話一直講話，把所有我們知道跟媽媽有關的事情統統搬出來講。就像要找一個東西找不到，而把整個家翻箱倒櫃一樣。

起初，我們只有看見媽媽會死，是因為她活得太辛苦。

她常跟我們講：「你外婆說，人如果不能做活了，就好去死啊。」媽媽原生家庭裡的訓示便是如此。從小外婆教她：活著妳就是要做，一個不能勞動做事的人就該死、不值得活。因此，媽媽活著的一天，她就一直做事，必須做各式各樣具有產值的付出與勞力，很認真、很努力、很辛苦地過著她的生命。記得二〇二一年一月媽媽進安寧病房躺到病床上說的第一句話，是對著陪我一起帶她入院的表姐（大舅舅的女兒）說：「我們家的人都好歹命！」說著哭了。而這也是我印象中，媽媽意識清楚時最後一句大聲說出來的話。

住院的最後幾天，媽媽意識開始變得在清楚與不清楚的狀態交雜，大部分的時間總是張著眼睛，好像在看我、看這個世界，但又好像不是，表情有點憂慮、有點急切。媽媽的肉體在我面前，但我不知道她的靈魂或真正的她到底在哪裡，而她嘴巴不斷喊著：「阿娘……」「阿兄……」那時，我有一個好深刻好深刻的體會——媽媽好愛她的原生家庭。而我竟從未如此認識過她。

她愛她的原生家庭、她的媽媽，不僅就像我愛我的媽媽那樣，非常可能還要比我更為深刻，愛到她的這一生至死為止，全盤認同她的媽媽帶給她的教導，愛到當她媽媽過世的時候，她也像我這般懸在媽媽的死亡裡面，甚至是否沒有真正走出來過？

外婆活到了一百零二歲，但最後十年幾乎是在床上無法走動。媽媽因此也常講：「我們家的人除了很苦命，又還很韌命。」就是又苦又不得不活得很久。媽媽的生長，建構在這樣一個要活得又苦又久且深愛家人的使命之下，展開了她自己。因此二〇一五年媽媽發生的誤診，我一直覺得是與大姨和小姨的生病相關，姊妹三人在當時共感著一個想要結束生命的決定，因為她們太親近了。不過媽媽清掉了膽道結石，再活了過來，但阿姨們一個從憂鬱幾年、後期持續昏迷了將近一年而往生，一個從開始洗腎到慢性衰竭而往生，兩位阿姨苦命又韌命地完成了生命。

我用了幾個賽斯講他自己的轉世，來對比理解講媽媽的實相，及她生命所欲達到的價值完成。

由此生理解此死

賽斯在述說他的轉世時，說過自己曾經有一世是個次等的教宗，過著滿好的日子，身邊有很多人護衛保護、服侍照顧他，但他覺得自己是一個不好的教宗，奢侈驕傲，荒淫好吃，死於胃疾很短暫結束了那一世。之後，他經驗了幾個在物質上處境非常惡劣的轉世。那幾生包括了他曾是僧侶、曾是一名受害者，也曾是農夫、高級妓女，還曾經是一個有著一堆孩子的卑微母親。

對於後來那幾個過得不好的轉世，賽斯說，他選擇了那樣的生命，為的是要使自己了解奢侈與貧窮、驕傲與同情之間的不同。當他在農夫的那一世，他背負著重物、踏著沈重的步子，走過他在教宗那一世曾經輕快走過的同一條道路，直到他學到了他必須學的。試著想像一下這種感覺：有一世的賽斯是一個教宗，被前抬後擁服侍著，可能是坐著轎經過這一條街道，卻在另外一世是個農夫，駝著重物走過相同的街道。那麼，同一個靈魂在這不同的兩世到底在做什麼？想得到什麼？

賽斯在身為十二個孩子的母親那一世，他的名字是瑪莎芭，十二個孩子有不同的父親，她無知又不美，脾氣狂暴、聲音粗啞，帶著孩子過得很貧困，但盡可能地養活他們，過著「貧苦卻充滿著深刻體驗的喜悅的日子」，那喜悅來自即便是一個麵包皮，都比他身為教宗那一世吃過的任何東西更美味。他們享受明天早晨太陽升起、眼睛張開覺得「真好，我們還活著」的喜悅。

意思也就是，賽斯有過處境很舒服的日子，可是他的靈魂不滿足於只有這種體會，甚至由於那一世的處境舒服，使他沒有辦法細細品嚐物質世界的許多滋味，於是他要藉由處在貧困的生活裡面，什麼都沒有、卻也什麼東西都變得很珍貴，以致他可以充分地品嘗麵包皮帶來的滋味，竟是如此之美。賽斯說：「我故意選擇了那一生，正如你們每個人也選擇了自己的，而我如此做，是因為我前面的幾世享樂太多而令我太厭膩了。我太被保護了，使我再也不能清晰地把注意力集中在俗世能提供的，真正了不得的肉體上的樂趣與經驗。」賽斯將轉世的目的與設定放在「貧困，但是品嘗人世的滋味」，於是得以經驗一種「若不是如此便難以體會到的甜美與喜悅」。

賽斯常講的：一切萬有，有無窮盡的胃口，要去體驗這世界上的所有。包括喜怒哀樂，所有的一切都是。這些生命經驗本身其實是中性的，它就是你的一個體驗。比如說吃了十樣東西，其實就是品嘗了十種滋味，這些滋味是中性的，可是在主觀的感受上，我們卻產生了「這個最好吃，這個最難吃」的壁壘分明，把物質世界分成了好與壞二邊並且對立。這幾乎是每一個人的思想慣性，但就靈魂層面而言，體驗本身不論好壞，只談及意義與擴展，所以他只想充分的體驗一切萬有。

同時，賽斯也說：

「你們並沒有被限制在存在的任一類別或角落。」

「雖然我對我的孩子們叫罵，有時也怒罵大自然的力量，我卻徹頭徹尾被存在的高貴莊嚴所震懾，而且對真正的靈性比我當僧侶時學到的還更多。這並不表示貧困會導向真理，或受苦有益於靈魂。許多與我共享那些情況的人並沒學到什麼。它的確是指你們在事前就知道你的弱點與力量在哪裡，而每個人為了你們自己的目的選擇了你們那一生的生活情況。」

「你的每一個人格都可以從實相奇蹟式的庫存中，自由地接受與發展那些你想要的經驗與情感，而摒棄那些你不要的。」

賽斯經驗不同的轉世人生，把自己浸淫在俗世中的男人女人，以及各種各樣的職業、角色情感和關係，對於人世生活的體驗與瞭解有了堅實的背景，並且也由每一次轉世的死亡學習。賽斯說：「我總是發現我的死亡具教育意義。以你們的話來說，是在事後。在兩世之間追蹤那『導致某次死亡』的想法永遠是一個教訓——而回到靈性的存在層面作為一個說法者。」我們每一個人的靈魂亦然。不僅由不一樣，甚至常常就是很極端不一樣的生命經驗，來滿足自己的全我想要從體驗中創造和擴展的念頭。

媽媽活下來的可能性

當以賽斯作為有著十二個孩子的母親這一世，來對比理解媽媽的生命時，我這樣想：如果賽斯故意選擇那一世，他要體驗物質貧乏，而使自己可以充分品嘗物質的滋味，那麼，在這一世的他不會讓自己變得有錢，假如在這一世有錢了，他就失去了這一世能得到體驗的設定。去變得舒服，不是他這一世所要的。那麼，媽媽的靈魂要以這一世體驗什麼？是不是要以處境辛苦來完成她靈魂的體驗？而如果她這一世選擇了辛苦，這一輩子是否就是不要舒服？

但賽斯又說：實相無邊無際，無法量度，我們永遠有創造的可能性。媽媽家沒有人教過她這件事，她被限制在自己對實相的設定裡。

我常想，如果在二〇二一年，媽媽要活下來的可能性是什麼？

從前家裡的營生方式，是爸爸媽媽開的工廠。早期工廠做得不錯，賺了一些錢。可是到我讀中學時，時代產業變遷，工廠變得很不景氣而不得不收工，我們家就有點像是家道中落，變得很窮。直到我們姊弟四人都開始就業之前，家裡經歷了很長一段滿辛苦的年歲，不只是經濟方面，感情方面也是，在貧困中爸媽之間原本就會的吵架也更形加劇。因為那段辛苦的經歷，姐弟都很想也很用心努力改變生活。就在我們物質上過得越來越好的時候，媽媽的身體狀態越來越不好。

如果二〇二一年媽媽活了過來，唯一的可能性是她要開始過好日子，因為我們的確將生活各方面的處境，由過去的辛苦轉變成為了舒服。媽媽如果要活，內在必須轉化成願意過好日子，這卻又讓她的生命遇上了關卡：「如果我們家人都是苦命又韌命，兄弟姐妹們老死病苦，沒有人出過國，沒有人活著是享清福，我憑什麼、怎麼可以跟大家不一樣？」

不是物質條件上的不行，是心靈條件上的不允許。媽媽自己對自己的不允許。

外婆是在裹小腳年代誕生的小孩，即便作為外婆最小的一個孩子，媽媽還是成長在上一個時代尾巴的家庭裡。相較於爸爸，她生長在一個相對老舊的家庭，老舊並沒有不好的意思。我的奶奶年紀還比媽媽的大姐小了一歲，爸爸是家裡的長子，生長在一個相對年輕的家庭。雖然爸爸與媽媽相同年齡，爸爸很早就開始跟著我們一起使用智慧型手機，用得很好，媽媽卻不曾有過一支手機。

猶如外婆對媽媽的家訓是「人如果不能做活了，就好去死啊」，媽媽帶給我們的家訓其一是「享受是罪惡的」。她自己沒有辦法享受，我從小經常看著樂天享受的爸爸，被媽媽用力責罵。爸媽經常為此衝突著。而我們姊弟四人，則一面嚮往自由享樂，同時一面感到罪惡，過著一段長期在內心自我矛盾衝突的青春與成年期。一直延續到爸媽死了之後，這點也成為我們面對內心自我轉化的重要功課之一。對我而言，至今，那種再熟悉不過的罪惡感，偶爾還會鬼火似的若隱若現。而爸爸，跟媽媽看似完全不一樣的他，常常忘情地做自己、好奇享樂，超過大半輩子的日子被媽媽約束、和她對嗆，卻當媽媽死去之後，所有人都以為沒有了這個外在約束，他大概此後可是過得快活了，怎麼知道，爸爸不止沒有了玩樂的動力，連同活下去的動力竟悄悄默默地也沒有了。

我想到賽斯思想對於身體疾病的內在心靈動力分析，一個人得癌症並不是決定選擇了死亡。在身體層面，癌細胞是身體裡不自然的快速生長細胞，而成為腫瘤；實際上，心靈層面所發生的事情是，癌症常始於一個人想要改變他生活的內在渴望，改變意指的就是心靈擴展或擴張，不見得是原有的東西不好；不要原來的生活方式也不意味著不要原來的東西，而是生命受到限制了，現在性格裡的東西不夠用了，因此需要變得更大。

媽媽可以堅毅努力，很會做也很辛苦，但這跟她同時若也能樂天享受，過得很好很舒服，兩面難道不可以並行而不衝突嗎？我總會這樣問著。媽媽自己的答案是，不可以。她沒辦法接受舒服的過日子。一度她也試過想讓自己變得更大，過程中，她非常辛苦地撞到自己不夠好、不值得活的焦慮，以及背叛她媽媽給了她生命的罪惡感受。有一次媽媽在等待放療的時候，突然轉頭叫我，然後說：「我放不下，我真的放不下。」然後掉眼淚。

常常難以理解的：叫你不要做事，有那麼難嗎？這樣講起來十分好笑，然而，對媽媽來說，真的很難，很難很難。媽媽習慣就是要把每一件事情做得那麼好，已成她的人生定律，當有一天要變成只看著別人做、況且別人還做得不好，這樣卻還叫自己放手不做。我感受到媽媽內心此刻強烈的痛苦。

媽媽不是不想改變，而是改變的困難度令她決定放手不活了。莞爾地說，或許就是：出於每一部分自己共同的理由而決定，這件事情換一個生命重做，下輩子再說吧。其中之一，假設她萬一活下來學會享受，以她的個性，死後會沒有臉去見我的外婆阿姨們吧。

從懸在媽媽為什麼會死、想找到她不死的可能性上，由起初只看到她的太辛苦，到這裡，我對於媽媽的死亡，有了更深的理解。

每當自己與原生家庭發生衝突時，都是如何選擇？成年以來，我大多是選擇自己想要的方式，我背叛媽媽的次數比起順從她多更多。媽媽是一個從舊時代生長出來的人，而且是一個乖巧順從的小女兒，因對家庭的愛而有的忠誠與執著，令她自己幾乎是她的原生家庭。或許媽媽的靈魂，就是不打算要有往前改變的那個可能性。

事後，再從這兩年人工智慧的大躍進，人類物質實相猛勁地發展著，姐弟四人的生活變化也越來越平順舒服，如果媽媽活了下來，或許她與我們世界的衝突及距離，內心的失落和矛盾也都會加深，尤其是與喜歡跟著時代走的爸爸之間。過去爸爸就常對媽媽說：「妳喔，妳對不到時代啦。」陪伴媽媽從癌症復發，到臨終、死亡，與告別，其實不到一年的過程。回想那段時光，見她肉體與精神上受到的煎熬，確實苦命至極地令我們心疼心痛。我們幾乎無微不至，傾心盡力地陪伴著她的最後一段，事後也體會到，如果不是在這時候，而是再晚個幾年，我們或許不管在精神或體力上，都沒能有如今正值生命壯年的餘裕，做得如此充分完全。

媽媽常講自己人生的後悔和遺憾，一個是沒有讀書，一個是當初有過一次機會離家工作，她雖嚮往過有自己的生活，卻無奈順從外婆而回家相親、嫁給了爸爸。

全部這些線索合起來，我重新理解著媽媽的死亡：媽媽活到七十四歲，沒有像外婆與阿姨們那樣長命卻纏綿病榻多年，她用自己的死亡方式，對原生家庭做了最大的忠誠又最大的叛逆。使自己在充分的受苦之後，決定不要那麼韌命，因為臨終之前承受了極端的辛苦，所以她仍可以對外婆交代；而相對其他家人的長命，她趁早結束此生，感覺到自己的自由，對原生家庭做了一次很大的背叛。也能讓自己被孩子們好好地愛著和陪伴之後死去，藉此給了當時還在的爸爸以及我們姊弟四人最大的愛——我自由了，不要辛苦了，我也不要你們辛苦，也要你們自由。

在靈魂的架構裡，媽媽一步一步，積極完成了她自己的生命與死亡。

媽媽決定了她的死亡，不只選擇了死亡的方式，還有時間。全部都有意義。

一併地說，爸爸死亡的歷程，某個理由上和媽媽是一致的。從住院到離世一個月，甚至緊接在媽媽不久之後離開，讓我們在處理後事這件世俗功課上，說實在的，很方便；同時，也讓我們不僅面對原生家庭由來的轉化和整合的心靈功課，一次做完，而對於人生生死大事必須學會擴展觸及的視野與角度，也一次到位。爸爸媽媽在這時候這樣死去，夫妻兩人以最同心一致的聯手合作，給了我們最大的愛。

我被懸在死亡那裡的心情，因為這些看見和理解於是變得微妙。從沒有辦法接受媽媽的死，到明白她幫自己選擇了一個很好的時間點跟方式，結束了生命。打從身體裡的每一個細胞，難言的由衷感動。

2

死亡與生命一樣，帶著價值完成的特性

每一個人最後都得死，爲什麼？

人們對死亡的問題，不僅僅是會問，為什麼我愛的人要死，還有，為什麼每一個人都得死。死亡的意義到底是什麼？

正閱讀此書的你，也許正在經歷愛人離開的過程之中，也許要面對自己即將來臨的死亡，也許面對著時間過去了卻仍然過不去的親人死亡。無論在什麼狀態，即便很多人可能都說，我不要死、我不想死，或者覺得死亡很可怕、很討厭，現在的我，都想告訴各位：死亡是與出生這件事情配套的恩寵。取用賽斯書所言，有如我們每天活在這裡行住坐臥，雖然並不感覺到，然而，每一天所有的身體細胞都不斷地在更新取代它自己，這就是肉體至微的「更新與轉化」——意思是，我們每一天都有一些細胞死掉，並且是被自己新生的細胞所取代，以至於可以維持生命肉體的運作。生命的維持，藉由許許多多不停不停的、細微到完全無感的小死亡，我們於是活著。

假設有一天，身體細胞停止自己取代自己的新陳代謝，也就是死了。

於是，我們可以這麼說：要活就得有死，沒有死就無法活。而所謂恩寵，是在我們不知不覺之中，即使不以為有這些事情，事情依然發生，精妙並完美，甚至不需要為它花費力氣。生與死，就是如此精妙並完美的配套設計。

生命爲何願而來？又何以歸去？

《夢、進化與價值完成》一書裡，賽斯談及整個物質實相，是被我們的夢與心念，還有所有的夢想夢出來的。生命並非在出生當下的「開始之時」才存在，而是「開始之前」早已有著一大團的東西。

在宇宙開始之前，有一個全能的、創造性的來源和存在。我們是由此源頭而起的一段神聖過程而來。賽斯將這最初的主體性、這神聖的過程及一切，稱為「一切萬有（All That Is）」。

在一切萬有裡面，充滿了各式各樣的意念、思想、感覺、欲望及夢想，所有的分子與原子浮動著，整個世界的寬廣無邊無際也無法量度，每一個部分都充滿著一種創造的渴望，因為感覺到了自己的騷動，而渴望做點什麼事情來增加體會及趣味，於是，一切萬有令內在的騷動具體化成了行動，成就了整個物質宇宙的存在。

其中，每一個人的全我（whole self，全部的自己），分化出有意識的能量（靈魂），在宇宙之間遊蕩而產生靈感，對天生具有的繁複能力感到驚嘆，以及對自身配備有著躍躍欲試的衝力。就像你玩一個遊戲，你不是一無所有，而是配備齊全。你為擁有這麼繁複的配備驚奇且好奇，如果不能用是不是很可惜？因此你有了「我來用用看，試試看它們要怎麼用才好玩、才有意思」的衝動，加上你的創造性，比如當過男人了、這次要試試當個女人會如何，當過富有的人了、這次試試貧乏窮困的體驗是什麼，當過好手好腳的人了、這次天生殘疾看看會怎樣。這樣才可以用到並發展全部不同的配備，因而成就了整個物質實相的多樣性。

一切萬有感知到自己的每一個心念和夢想，也感知到自身所有可能創造的無限衝力和能力，帶著最大的活力跟熱情，決定投入物質化，成為了物質實相。這就是生命的開始之前與開始之時。而每一次由生到死之間的發生，就是帶著這樣「價值完成（valuefulfillment）」心靈特性的創造過程。

每一個人的生命，就是如此懷抱著對自己天生的愛心和了解，帶著想要去體驗這一次活著的決定，而有了這一次生命的誕生。

賽斯說，我們是作為一個「生命覺受的品嘗者」而在這裡。由生到死的過程，去用自己沒有限制的創造力，使自己生命起初選定這一次體驗的價值，在所有的可能性中，被充分的完成體驗。完成之後，生命功成身退，卸下了這一個肉身，回到自己，再去體驗不同品質的價值發展。

因此，人並不是莫名其妙的出生、活著和死亡，然後結束了，而是出生時有來處、死亡時有去處、來去之間靈魂永生的不朽意識。我們經歷一次又一次的肉體轉生，使自身存在被最大的價值完成。

生與死，確實乘願而來，盡興而歸。

價值完成

賽斯說過，他口述《夢、進化與價值完成》這一本書，目的是希望我們理解書名所述的概念，同時觸及「靈魂意識」與「肉體經驗」兩面，見識更真實的面貌，了解生命跟死亡，重新認識自己生命的本質。

我總感覺，這等於是要翻轉過去人們對生命和死亡的全盤概念。而明白何謂價值完成、學習從價值完成的角度去理解一切事情的發生，實在是重點中的重點。

提到價值完成的時候，賽斯是這麼說的：

「價值完成本身是最難形容的，因為它把一個有愛心的臨在——一個對自己的神聖繁複性有著天生知識的『臨在』——本質，和一個無限大的創造能力合在一起，而這臨在試想把它自己倒轉之繁複性最微渺、最遙遠的部分也帶到價值完成。轉譯為較簡單的話，能量的每一部分被賦予了與生俱來的創造性，而試圖以所有可能的變奏完成自己的潛能——並且在這樣一種方式下，以致這種發展，也更促進了實相的各個其他部分之創造性潛能。」

同時，臨在本質的自己，在開始之前與開始之時，帶著創造的意念跟欲望，於是開始嘗試；一樣一樣的試，一樣一樣的玩，玩至盡興。若開始體會到「怎麼變得不好玩了」或是「好像玩得可以了，想要再玩一點別的什麼」——賽斯稱為「神聖的困惑」，這時會想要體驗不同性質的價值完成，而進入由內而向外的能量轉化過程，再一次開始。

價值完成四個字涉及的概念，讓我們用英文原文「valuefulfillment」來認識或許會容易些。它是三個英文單字的合體：價值 value，充分的 fully，填滿與實現 fillment。

生命自有其意義，如賽斯說，每一個人是作為一個品嘗者而在這個意義之中，帶著創造的衝力，去體驗一切萬有各式各樣的滋味。一件事情的發生，不論如何以對它就是發生了，其中我們能展現和看見的意義——品嘗到的滋味，就是透過事情所帶來的價值。價值將如何被完成，有無限的可能性，這些可能性就是創造性。

我們帶著所有天賦的內在特質，去面對眼前的處境與人事物。我們可以決定如何使用自己的創造力，在過程中嘗試——猶如品味、賞玩並鑑賞，來填滿這件事情的價值。在種種可能之中，自身最大的創造力能令事情最充分地價值完成。

至小的人事物

比如感情方面，有些怨偶其實想分手，可是怎麼樣都分不開，關係一直藕斷絲連，總是分了又合；或比如工作方面，有時候想離職，已經醞釀了三五年，還是離不開。也就可以理解成，透過這段關係或這份工作，要為生命帶來的價值還未被充分完成。例如透過跟現在這個對象、工作在一起，你靈感與靈性上配備的自己，還沒有足夠了解其特性，或將它充分展現。

不一定是做得不夠多、不夠好。在我臨床與個案心理諮商的經驗中，更經常看見的反而是：你只會做得很多、做得很好，而沒有了解自己也有「不做和做得不夠好」的能力及渴望。有時候，不做也是一個行動，做得不好也是一種完成，我們也得學習透過不做或做不好，才是展現完整的自己。另外，也有展現得不足夠的情況，例如有位個案，她的困擾是婆媳關係，總是讓婆婆罵不還口、默默忍耐；有一次她終於向婆婆頂嘴，從此之後婆婆竟然就再也沒有罵過她了。原來她要從婆媳關係中體驗學習到的，就是去認識並接受有一個自己，渴望用自己的方式和力量去行動，達成後，本來的惡婆婆竟然就變成好婆婆了。

很久以前看過一本小說，書名叫《時間裡的癡人》，主角是一個音樂愛好者，他著迷於每一首樂曲裡的「停頓」。有些旋律在一段中突然停頓兩拍、一點聲音也沒有，有些停頓一拍、停頓三拍，主角著迷而好奇著：為什麼要停頓，為什麼是這裡而不是那裡停頓，停頓一拍和兩拍或更久，又會有什麼不一樣的感覺。主角認為，是這些停頓令每一首樂曲有了最完美的呈現，帶來了被喜愛的藝術價值。

不管做與不做，都有價值，做多做少，意義雖然不相同，但都是在完成自己。事件和生命的意義，本質上都是要透過它發生的過程，來令原來的自己被擴大了解。

我常比喻，走路走著跌倒了，可能是要我看見這路上有一個坑，去填補它或是學會繞過它；可能是要我發現鞋子壞掉了，去修理它或換一雙；可能是要讓我撿到地上的一千元紙鈔，也可能是讓我閃過天外飛來一筆的災難。意義是哪一個都有可能，而往往沒發生之前自己不知道，或是跌倒正痛的瞬間也還沒能發現。可是一旦發生了，只要在地上多坐一會兒便能覺知，要補、要繞過，要修、要換，或要感恩還是痛罵。意義總是在於瞭解和學會如何完成任務，如果能不要固執地認定就是老天爺對我不好，或是一直搞錯方向忙著處理路上的坑洞和繞路、沒去發現問題是出在自己腳上的鞋子；當想要看見更多事實時，試著探問更深的問題，創造性會幫助我讓事情價值完成，力量和決定總是在自己身上。

至大的生命歷程

我曾經從事過幾份工作，一段短時間之後發現：原來在這裡做這份工作是這樣子的感覺啊！對我來說，能體驗學習的已經足夠，再下去並不好玩了，或者更想要去做些別的事情，就做了轉換。雖然如此，但每一段時期的我也學到了，原來世界有一套這樣的做法和能力喔，而為了認識它們，也為了更了解自己適合什麼樣的營生方式，在那些進出的過程，我不僅一再學習、也一再更認識自己，因而明白了合適的職涯與生活，整件事情也就價值完成了。

當我們欲求不同性質的價值完成時，有時候很簡單，就像我成為某單位的員工又離職，一次再次的明白後，拿起自己的想要、放下自己的不想要，換一個職業、換一種方式，就轉化過去了。不過有時候，就像我爸爸媽媽的人生，必須藉由換一個生命而重新開始，於是就會進入一次肉體死亡的過程。死亡是在每一個轉生裡，除了出生、最後也最激烈的能量轉化過程，為了滿足體驗與重新創造的渴望，一個人就得放下原來的生命和身體；就好比想穿一件新衣服，就得脫掉身上原有的這件舊衣服。

然而，我們要捨棄肉體生命時，其實還是很艱難的。

多年前開始讀賽斯書時，與許多剛接觸的人一樣，我有一個疑惑，就是傳遞賽斯書的珍為什麼要生病，為什麼要死掉？如果賽斯傳遞的內容都是事實，說什麼身體有自我療癒的能力，《健康之道》也講得厚厚一本，那麼，何以珍的身體沒有療癒起來，最後還死掉了？

關於對珍生病與死亡的質疑，如今回頭再看，當時問這些問題的我其實知道的還不夠多，自己並未完全了解從「開始之前」、「價值完成」以及死亡所代表的分離在能量轉化上的意涵，以及生命在靈性視野裡的全貌。由於珍的身體狀況，由於她心理上有罪的自己，也由於她生活中與羅兩人婚姻和工作遇到的種種，故此賽斯對珍和羅的處境，口述了於我們無比受用的洞見、解析與闡釋，還有指引、建議及鼓舞。如果珍沒有生病，或許我們就不會有一本叫做《健康之道》的賽斯書，以及其他許許多多的賽斯資料。意思就是，珍得生病、珍得是如此這樣的一個人，透過自身的生命處境，不僅完成了她自己，也令她之後的我們獲得了這些可貴資料。珍固然在她自己的創造理由和價值完成裡生病死亡，然而，當我們由於珍所帶來的賽斯資料感到受用之時，她個人的價值完成，促進了在實相其他部分的我們的存在。而我們的從中受益，也更使珍的生命充分地價值完成了。

於我而言，爸爸媽媽死掉，就是被明擺在眼前的實相重擊了。假設有一個可能實相，分叉點在二〇二一年一月，在媽媽最不好的時候，當時的我實在覺得生病好苦、癌症好慘，而我根本療癒不了這樣的個案，根本沒有辦法做好一個賽斯診所的心理治療師，內心萌生過這樣的痛苦，自此在那個實相中自我懷疑，甚至不想再執業當心理師了；又正在努力掙扎著前進時，爸爸接著過世了，整個過程的價值在哪裡？這個問題，巨大地考驗著我與家人們的心靈。記得二姐哭著說過：「爸爸，媽媽才剛死你怎麼可以死？」有一個可能的我，幾乎就長久沉浸在那個悲傷裡了。

但我與姐弟們，後來是用媽媽的離世為我們帶來對死亡的認識，去接受了爸爸也可以死。爸爸媽媽此世的活過與死亡，在他們自己的全我內有其價值完成，並且，兩人各自選擇的死亡方式及時間點，實在是為了令他們自己有了最大的價值完成。而此刻，正在撰寫這些歷程的我，或許正在嘗試用自己最大的創造衝力，持續使得爸爸媽媽死亡這件事情，在於我活著所觸及的這個實相版本裡，更盡情地價值完成。

多年前正在閱讀《夢、進化與價值完成》時，曾經有位個案來到會談室，與我說了這麼一段他在電視紀錄片裡看到的故事：

冰天雪地之中，有三隻熊正在行走。看起來是一隻母熊帶著兩隻小熊，其中一隻小熊走得一跛一跛的，母熊和另一隻小熊每走幾步，就回頭來拉那隻特別慢的小熊，等待牠跟上。走著走著，到雪地中間，一跛一跛的小熊倒地、再也沒有起來，這時母熊與另外一隻小熊走回來，看著倒地的小熊、坐在牠旁邊一會兒，似乎確定小熊再也起不來、死掉了，母熊就帶著另一隻小熊離開，持續往前走去。電視畫面又拉了回來，大概是縮時攝影、不知道隔了多久時間，母熊帶著另一隻小熊又走回頭，待在倒地的小熊旁邊，這一次坐下，母熊和活著的小熊，一起吃著倒地的小熊。

個案告訴我，也是在問：「這個世界真的很殘忍，真的是物競天擇，適者生存、不適者淘汰，就連媽媽和孩子之間也是。這隻小熊不適合活著，所以牠就死了、被淘汰了，而且媽媽還吃掉牠。熊媽媽怎麼活得這麼自私又殘忍？活著真是好悲慘喔。」

聽完之後，跟他分享了當時我看見的角度：「這隻小熊生病了，大概牠也知道自己活不了。要能走過這段冰雪、度過這個冬天，小熊明白自己沒有辦法達到牠渴望的生命品質了，不只自己活不好、活著還會絆住媽媽跟手足。首先，牠明白自己活著沒有更好的品質發展了，所以決定要死；其次，同樣都是要死，牠為什麼決定死在這個雪地裡、不死在一個洞穴裡，或者死在明年的春天？因為牠全然的明白：就自己在這裡死掉，牠已經不需要了的肉體，還能幫助牠媽媽跟手足吃飽活下去。就是我都要死了，竟然還可以變成媽媽跟手足的力量，讓牠們獲得滋養而活著，此時此地我的死亡，有沒有更有價值呢？」

然而，往往我們採用人性角度中較高貴的德性——有了品嘗的標準，可能會限制了價值充分完成的可能性。例如上述小熊的故事，可能我們就會因為覺得自私殘忍，而希望牠們不去吃牠。這就好比，有些人會因為覺得自己這樣無情或不孝，而不允許自己在親人死後感到輕鬆或過得快樂。母熊將死掉的小熊吃進去，轉變成自己身體的能量，令死亡的小熊以此方式活著，也令牠的死亡變得更有價值。若不吃掉牠，萬一因此母熊餓死，這樣小熊豈不是死得可惜？

活著並不是生命唯一的價值。生命渴望某種品質與發展，這是價值完成。生命總是能意識到並理解自己的死亡，而為自己決定時間與方式，在這時候這樣進行，帶來最大的價值完成。

價值完成，翻轉著我們從外在社會價值的視角，轉而由內在靈性重新去理解，並珍視人事物及其交會裡所蘊含的意義和目的，更踏實熱切地對待生命中的每一個發生。

大抵我們在自己的生命之中，總因為當局者迷而茫然，能夠有意識的明白瞭解，並且令自己的生與死達到價值完成，並不容易。然而，如果我們能夠學習一小件、一小件的，盡己所能讓來到自己面前的人事物價值完成，相對容易許多。那麼有一天，不管知道或不知道，不管有意識無意識，也許已經讓自己的生命價值完成了。

3

臨終與告別：不捨與放手的兩難

悲傷無助時，還有能做的事

先知道，再信任

我大約三十歲時開始閱讀賽斯書，之後，許多關於活著和死亡的掙扎與疑惑，以為自己在多年前已經從不知道變成知道了。然而，在媽媽死去的那一刻，我竟幾乎覺得自己不行了，明明都知道，但還是覺得我不行。面對並且經歷著父母死去的一整年，我內在所發生的事情，是不得不將知道的東西，轉變成我的一部分。是一種「不能只是知道，必須是種入整個生命裡確確實實感受到」的紮紮實實、自己一步一腳印寫作業的事情。

懸在媽媽剛過世的時候，我與家人們在內心都感覺無比艱難，過去多年由心理學和賽斯思想所學到的，並未使我當時所感到的痛苦或悲傷，比其他任何一個人少。現在，我仍相信我們不會因為學了這些，而在將來哪一天、當生命中摯愛的某人離開時，就能夠隨即豁然開朗，或真的可以像莊子說的擊鼓唱歌；不過，面對臨終與告別的過程，就像生產分娩一樣，雖然沒有辦法無痛，卻的確可以因為知道終究可以通過，知道是怎麼一回事，而更能自然順暢，也得以歷時更短。

一、肉體上的變化

賽斯說過，有些人——不管環境怎樣，永遠都覺察自己的喜悅。縱使當他們人生中的事件似乎不順利時，也覺得安全且受到保護。儘管有懷疑和憂慮，這種人仍覺得自己被支持、每件事情終歸會對他們有利。這段內容很接近信任與安全感的根本意涵。面對臨終過程的第一個不容易，就是在肉體上的變化中學會信任。

然而臨終前一些極端的疼痛，其意義又在哪裡呢？以我媽及家人們為例，因為那麼痛，痛到最後，我們覺得這樣下去實在太辛苦了，最後為了希望不要痛苦，不得不同意放手。不管是即將要死的人，還是不要他死的家人，因為彼此的愛，即使萬般捨不得，我也不活了，或我就讓你走。這時候我們才會說好，讓一個人想要離開就離開。人在自我意識上沒有辦法達到信任的時候，就是想要活，往往會藉著痛到極點了，才甘願放手。

信任靈魂都照看著眼下的自己

媽媽臨終的過程非常辛苦，腫瘤擴散在整個身體裡，承受了很多肉體的不適和痛苦，又因為要面對自己肉體產生的變化，精神上連帶飽受折磨。我從來沒有這樣親近過一個人，當他處於這種情況，而去感受到原來肉體所經歷的痛苦會是如此；陪伴在媽媽旁邊，我們萬般心痛，卻無能為力。在她過世前三個月，我感覺到，原來站在另一個人的肉體與意識前面，人是如此地渺小——發現自己什麼都不能做。我很希望她可以不痛，或至少不要如此痛苦。

有一天，在無助心痛到不知道怎麼辦好的睡前，我跟自己要一個夢，跟自己說：在睡著之後，謝明君的內我、所有我裡面的自己，請帶著我對生命全部的了解，連結一切萬有的力量，不管是我知道或不知道的，請給我一個訊息或畫面，領我到心安的地方。

就在清晨五點多醒來前，我夢見在一個吵雜的大食堂裡，有許多食物類似自助餐廳那樣，很多人拿著餐盤排隊打菜，我也在其中。我裝盛了兩人份的食物，拿到兩人的座位，在其中一張椅子坐下。對面坐著的原來是媽媽，但不是現在這個七十幾歲的她，是二十幾歲年輕的她。我看過媽媽結婚不久時的照片，所以知道是二十幾歲的她坐在我面前。眼前的媽媽，十分專注地踏踩著縫紉車車縫東西，頭都沒有抬、沒看我一眼，眼神全然專注投入她的縫紉動作。我看著她。

醒來之後，我突然意識到，此刻媽媽正在她很個人的經驗裡，很專注，沒空理我、也沒空看這個吵雜的世界。而我與絕大多數的人，都正在為飽餐生活這樣的俗世之事忙碌行動著。好像覺得要放手，要心安，因為媽媽正在她自己的生命完成裡。

做車縫是媽媽跟爸爸剛結婚時，她到北部的第一份工作，當時雖然肚子裡懷著大姐，每天要走很遠的路去工廠，她帶著對未來感到堅定的喜悅和期待去上班。夢裡面，那個坐在我面前二十幾歲的她，想來是媽媽現在的靈魂樣貌，專注且期待地，正在車縫她人生的最後一哩路。

即便媽媽的肉體正在痛的過程裡面，與此同時，她的靈魂也透過這個肉體受痛的過程，完成她的生命和心靈實相；換句話說，有一個屬於一切萬有更大的她，正照看著自己痛。開玩笑地，她大概會說：痛得好喔，痛過，此生也就完成了，我就要把這一哩路走完、最後這一塊布織完，完成這一次生命。

而活在在物質層面感知裡，吃什麼、有沒有吃飽、面對著生老病死情狀而手足無措的我，得去信任。

媽媽到了這個時候，都一直一直在幫助我學習，她教我：

無助的時候，還有能做的事情——更信任。並不是信任她會好起來、活下來，而是信任身體受痛確實也會是靈魂的一種經歷，信任有時候人需要用身體受痛來完成自己的生命，信任即便痛過沒有好起來而死去也不是壞事，信任死亡是生命自然的一部分，信任無論任何情況，我們的靈魂都照看著眼下的自己。

當時說這些話給自己聽，必須鼓足我覺得一千萬分的力氣，然後才可以做到這個信任。媽媽與我此生母女一場，用她生命的最後把最重要的東西留給我，是這種必須信任的安全感受。

又為什麼需要這個如此痛的過程，我會說，那是媽媽需要，也是我們全家人都需要的。

因為我們家人的個性都很溫吞戀舊，對於分離與告別，從來都有著濃重的不捨。常常一半玩笑一半認真地告訴別人，自己是嚴重的分離焦慮患者。

從小在我家庭裡許多送別的畫面，都是類似十八相送的過程。獨立生活後，每次從老家要回去自己家時，爸媽就會想到什麼事情或拿個什麼東西追出來，就算沒事要說、沒東西要拿，還是會跟下樓去，最後車都開走了，他們還站在原地。然後，他們就算已經上樓了，還會從窗戶陽台看出去多一會兒——到底在看什麼，人都走了，但還是捨不得地凝望空氣找著餘味。更小的時候回南部外婆家，要回台北時，每次離開前外婆也會一直拿什麼東西出來，然後舅舅、阿姨、表哥、表姐們，就要追出來再拿些什麼放到車上，車要開走了，再追著拍打車子說：還要再搬一袋花生或蒜頭什麼的。一回到台北家，東西還沒放下，媽媽會趕快先打個電話，告訴外婆我們到家了，那個米和花生怎麼怎麼著。

我家人們的分離程序，就是如此的溫吞。彷彿有一步沒有做到做好，就會不安心。小時候，是媽媽覺得她如果有一步沒有做到，外婆就會不安心，長大之後，變成我也會覺得自己如果有一步沒有做好、有一個程序漏掉沒做到，媽媽就會不安心。正因為這樣的不安與溫吞，以致媽媽必得創造這樣子的死法，好讓她自己與我們，不得不甘願彼此放手。後面會提到，雖然爸爸以一個完全不一樣的死法離開，那是他與媽媽的個性不同所致，然而溫吞的歷程也是有的。

（這裡也講出了人在面對臨終告別之後無法往前的一個困難，我把它視為某一種分離焦慮。這在本書第六章繼續會談到。）

二、意識上的變化

在臨終過程，除了肉體上的變化，人在意識上也會發生一些變化。在醫學上，會把它叫做譫妄或妄想。跟精神症狀很像，或者有一些人會變得躁動。

然而，由生過渡到死，不僅從這一邊到另一邊的意識變化，就連生死兩邊的意識，都不是截然分割的。人與人彼此理解上的距離，也是這樣的自然現象。

●信任從客廳到廚房的距離

媽媽臨終最後的階段，我們在馬偕醫院緩和醫療門診及安寧病房遇到一位很棒的醫師。對於媽媽發生的狀況，他最常給予我們的回應就是：這是生命的自然現象。

面對臨終前的躁動或譫妄，對我來講有一部分的感覺是很……新鮮。因為我第一次跟一個人將要死去的過程這麼靠近，所以此刻我願意用新鮮來形容它，但在那個時候，我更大部分的感覺是慌張，不知道如何去接受，同時也有一點覺得：原來書上或電視演的都是真的。

住進安寧病房的第一個晚上，隔壁床的一位女士，整晚時不時地一直說著「我要起來，我要起來」，並屢次試圖起身，家屬不知所以然也安撫不了，找來了護理師，說是譫妄，給她打了針。安靜了一兩個小時，又再次聽見她喊著要起來，連著兩晚幾次打針之後，那位女士就靜靜的再也沒有聲音，到第三天清晨，她過世了。

那一年真是寒冬，醫院的夜晚極冷。有一天晚上，爸爸陪媽媽在醫院。深夜時，爸爸打電話跟我說，媽媽一直不要蓋被子、說很重，爸爸要我找家裡薄一點的毯子拿去給她蓋。到病房後，家裡輕薄的毯子媽媽還是說很重，然後她反覆焦急著說「要起來、快點」、「幫我掩（台語的扶）起來，我要起來」，問她：「妳要起來做什麼？」媽媽說：「快，趕快起來，很重，我要起來起不來。」再問一次起來做什麼，她說：「我要換衣服。」我問這麼晚了換衣服要去哪裡，她說：「某某在等我。」某某是半年前已經過世的一位鄰居阿姨，當我疑惑聽到的是否這位阿姨的名字而複誦一次，那瞬間，媽媽突然就像醒了過來，並且意識到自己講了什麼而詫異。

媽媽的意識既在生的這一邊，也在非生的另外一邊。看見她的意識在兩邊之間移動，對我來說很慌張。然而，當隔天夜裡，媽媽一樣說著她很沈重、她就是起不來，我幫她把身體撐靠在自己身上，讓虛弱的她坐著起來，她仍是神情著急且十分挫折地說著：「沒有起來，我爬不起來。」我看見其他家屬讓醫護用打針的方式，處理了病人的躁動、讓病人睡覺，但我用自己的身體讓媽媽撐靠著，告訴她：「妳多練幾次，妳禱禱啊來（台語的慢慢來），再多練幾次妳就可以起來了。」這麼告訴她時，我感覺到內心的震撼和惶恐，以及千萬個不願意，還得承認那的確是有點毛的感覺，眼眶卻濕了。後來有人問，到了什麼時候我才真的承認媽媽要死了？我想，是這個時候。

我惶恐的不是死亡，是媽媽真的要離開我了。沈重的也不是棉被，是媽媽的靈魂要出去了、但卻出不去而感受到的沈重感，因為她還沒到最後的時刻，還沒有完全準備好。因此，我告訴她慢慢練習、再多練幾次就會出去了。我竟然跟媽媽說這樣的話，我活生生地正在做著這件事情，陪著媽媽往死亡走去。

住院期間，我們始終謹慎地與醫護在找止痛和安眠鎮靜兩類藥物的最佳劑量，要幫助媽媽舒服，但是不讓她不自然地睡著死去。當發覺媽媽的意識在對抗安眠藥物時——用藥的時候睡不著、不用藥的時候可以自然地睡著，我們便決定不再使用。我們或許是安寧病房中很少見的一組家屬。隨著媽媽狀況變得越來越不好，我們與醫護討論使用的藥物越來越少，而不是越來越多，到最後，只使用了最低劑量的嗎啡。

更後來媽媽醒時的意識狀態，是躺在那邊、眼睛大大的望向我，可是我不知道她到底是在看我、在想事情，或者只是將我看穿過去、而望向了不知道的遠方；她彷彿想告訴我什麼，可是又感覺好像只是在她自己的世界裡想表達什麼：有時候（但非常少）她會講話，可是說出來的內容我聽不清楚或聽不懂，但她很熱切地發出了那個聲音。

事後，我會這麼想：對末期病人的照護而言，安眠鎮靜類的藥物事實上是為家屬作用的。

當看著媽媽在一個「雖然醒著卻彷彿不在這邊」的意識狀態，有時出現一些我們不太清楚的言語或發聲，或一些我們不理解何以如此的不安表情，那實在是非常心疼卻也無助的陪伴經驗。尤其在深夜時分。然而，我們選擇接受生命的自然現象。我相信那仍是媽媽生命展現與完成的一部分。

在這邊的我們，最後唯一可以做的，只有在一旁握住她的手，一次再次地說：媽媽，我在這裡，阿惠、阿妙、阿噹（我的乳名）、弟弟，我們都會一直陪著妳，我們愛妳。

回想起來，我們陪著並同時參與媽媽「從這一邊到另一邊」的整個歷程，讓我這樣來形容它：

我小時候的家是間長形房子，廚房在最後面，由廚房到餐廳有一個木製薄牆與門，餐廳要再走過兩個房間外側的長廊，才會來到客廳。

由生到死的意識狀態，就好比老家那樣狹長房子裡「從客廳到廚房」的距離，中間有隔牆、有狹長的走道，人在廚房的媽媽，和在客廳的我們，彼此看不見；因為廚房在太深的位置，我們在客廳講的話媽媽就聽不清楚，她在廚房說的話我們也只聽到很含糊的聲音。可是，廚房與客廳是相通的，是在同一間個房子裡的！只要移動意識，像移動身體那樣，退後三步或往前三步，專注地把表達和感知力——像把喉嚨和耳朵打開到最大，她在，我們也在。

我們沒有讓藥物令媽媽不自然地睡去，而使她在珍貴的倒數時光中過不來。媽媽也留了很多時間來回在「廚房到客廳」之間，讓我們與她道別。

眼睜睜看見媽媽斷氣的那一刻，則是我至今最大的震撼。

媽媽的生命，從有到無，在我面前咽下最後一口氣。當此之時，周圍的一切，好似小時候跟媽媽一起看的歌仔戲裡，每當主角之一死，歌仔戲會有一種哭調，就比如說梁山伯、楊貴妃或某個帝王死時，不只是活著的主角一人在哭，配樂的哭調是特別悲壯的「群哭」，除此隆隆的哭聲迴盪，世上其他的聲音都不見了。

這是我有生之年最大的失落。本來一直有，變成沒有了。即使在我的頭腦裡明明先知道，媽媽不過是回歸到開始之前的一切萬有裡，回歸在威廉．詹姆士透過《一位美國哲學家的死後日誌》一書告訴我們的愛的氣場與明知之光裡（本書第四章會再述）。

媽媽離開那個早上，從清晨到她斷氣的幾個小時裡，她的呼吸情形常就是吸氣停住，大概隔了十秒才吐氣。原本我們的情緒是很悲傷，定睛凝望著媽媽最後的呼吸，凝視了很長的時間，有一次她吸了一口氣，遠比上一次吐氣時間更慢了幾秒，當下，我們以為媽媽就此走了，她卻又一次吐氣、之後再吸了氣。當時圍繞著媽媽的四姊弟，竟不由自主地笑了出來，因為我們全部被她嚇死，就是覺得：「媽，妳到底要怎樣？」即使在那麼悲傷的處境中，我們依然會笑。這不是只有我一個人如此，也不是不孝的人才會發生，而是每一個人天生俱有的內在繁複性，所配備的覺受能力與恩寵。我很肯定當它發生的瞬間、內心自己決計無法否認，但除非我們願意，也能去看見且接納，否則不會讓自己笑出來。我想說的是，願意，並能看見且接納活著自己的自然現象——人常情的自己，生物功能的自己，實在是能夠將失落的自己帶往重生的力量之一。

以摯愛感情，面對不捨與放手的神聖難局

有同學問過我：「先前妳提到媽媽過世之後，妳跟姐弟們討論，是不是可以找到某個時間點，或是有什麼樣子的一個切入點，讓媽媽可以不要死；再來又說，『我們沒有辦法改變任何人想要結束生命或死亡的決定。』可是，一個人生病會去治療，就是他想要好起來，其實是想要活而不想死的。作為家人的我們，一定希望媽媽的病要治好、不要死啊。這也許是理性或腦袋的思考，但這一切好像在說，一個靈魂或意識雖然決定或同意結束生命，但是頭腦的自己還是不想結束。這是一種命運的無力感，因為無可改變而好像只能臣服嗎？這樣面對死亡是『臣服』還是『放棄』？說是臣服，但怎麼又好像是『沒有辦法了、再堅持也沒有用，放棄

吧』？這樣子聽起來很消極，心裡面會有一種好想要掙扎的拉扯啊！」

同學的提問，真實而由衷地道出每一個人的心情。面對臨終與告別，整個過程確實是一個巨大的、生死兩難的拉扯。就連一切萬有在創造天地宇宙之時，也都說兩難。

死亡是當一個人身心靈所有層面的自己——包括身體、自我與內我意識——全都同意的情況下才會發生，而與這人相關的其他人，在潛意識裡也都會感知到其將死亡。也就是說，每一個死亡，不僅在與這個人靈魂藍圖符合的情況下發生，也是他此世與他人相互合作同意的情況下發生的。在生死兩難的拉扯裡，看起來彷彿是一個人內心裡有好多聲音在拉扯，事實上，也真的是有幾個你在這個肉體裡面運作討論，而後共同決定。

人性必然的掙扎

如前面提過的，媽媽在二〇一五年與她的兩個姊姊，三人共感了想要結束這一次生命的決定，也許媽媽那時已有一個自己覺得活到這邊可以了，但也可能是出於和姊姊們分離的不捨才想和她們一起走。答案是何者，雖然無從得知，然而事後從她開始生病到死亡的發展看來，我會更相信媽媽是在二〇一五年開始醞釀離開這一世，但或許是基於對全家人的慈悲和愛，或是對於這一世為人的種種不捨及顧慮，又多了五年的時間給我們和她自己，一起準備。到二〇二〇年，媽媽要死的決定醞釀了五年，不僅是她的每一個自己都同意，也是全家人在心靈的力量成長到足夠面對和接受分離的時間上，死亡才真正的發生了。後面說到爸爸的死亡，更或許也是和爸爸相約要一起離開，可是愛玩的爸爸覺得二〇一五年還玩不夠，心軟的媽媽便又多等了他五年啊。

媽媽過世一段時間之後，有一天我和摯友聊起，如果我能夠更早一點接受她的死亡，會不會有一個可能，媽媽臨終的過程會少痛一點、走得比較容易，而我們面對臨終與告別的心痛情形也會容易一點？可是，答案幾乎就是不可能，摯友也是同業，兩人都覺得：沒有能再更早接受的時間點，以我和媽媽的個性，幾乎都不可能。就是在這個兩難裡面，頭腦以為可以不掙扎而更早放手，但凡夫俗子如我們，不可能不掙扎、不拉扯。

至於這個不可能直到哪一刻變為可以了？對我而言，的確是有非常清晰的瞬間，就是在告訴媽媽「妳禱禱啊來，再多練幾次妳就可以了」的當下，身心一起強烈震動。對爸爸而言，我卻覺得是在媽媽過世之後，甚至告別式之後，還要再更晚到整個農曆過年的忙碌結束之後。天地萬物寧靜，所有人回歸日常，孩子似性格的天真老爸，終於發現自己再也回不去媽媽在時的生活了，某天夜裡也身心一起強烈震動，不得不接受媽媽死了。因此，爸爸在他自己過世之前，經歷了我覺得是他生命最難的一百一十三天。

即使確實有開始接受的那一刻，即使人已經死了，可是我們活著的人，依舊還在拉扯與掙扎，而總有一天得接受，也會接受。

生命最後也最大的一個分離，就是人與肉身的徹底分離、與自己的這一次活著分離。在這一次棘手的過程裡，我們於是有了面對臨終、告別與重生等種種難題的人性體驗。其中的拉扯與掙扎，也是承蒙為人而欲品嚐的滋味。

令人感到無比寬心的，賽斯也告訴我們，這是一切萬有創造天地宇宙間萬事萬物之時，神聖的難局。

當我們正在物質世界說著死亡的時候，賽斯在《夢、進化與價值完成》書裡，引介給我們認識由生至死的說法並非「死亡」一詞，而是用了「分離」。如今我也感覺，用「分離」來認識我們所說的死亡，更為真實坦然，令人欣然明白。

本書開頭所說的「沒有此死，此生不能適當的結束」，對應另一句賽斯說的話是：「你必須經驗這樣一個分離——**若無此分離，一切萬有無法造出東西**。」

在開始之前，一切萬有包含著它所有可能的創造力跟無限的衝力，去傾聽自己最微渺的想像、夢與思想、感覺，和每一個心念，它著迷於需要從自己的存在，去鍾愛地創造。一切萬有是如此鍾愛它自己從最大到最小、最偉大和最低下的每個意識，感覺到一種創造性的騷動，而渴望要把每一個都帶進這個存在的實相。

一切萬有於是由最初神聖的靈感，必須有一個變形而和自己有了一次分離，以一種自發的、神聖的秩序，使自己一躍進入物質實相去鍾愛地創造。一切萬有必須經驗這樣一個分離，創造了它的創造物、成為了自己的創造物。

一開始，一切萬有心醉神迷在它所有的一切創造裡。然而，每一個創造物在開始之後，越來越被自己最初的鍾愛所包覆，它感覺有一種價值完成，要它用到自己的創造裡，而渴望再創造，甚至渴望一種不同性質的價值完成。如同最初它自己被創造一樣，這時候它自己的創造物也想創造。一切萬有雖然處在這個神聖的困惑裡，同時感到對自己與自己創造物的鍾愛，但它必須放手與自己的創造物分離，才能讓每一個創造物自由地創造自己。於是這一瞬間，一切萬有明白必須有一個分離，令它的創造物帶著它的鍾愛自由離開，並給予最摯愛的護持和鼓勵，雖然不捨，但終究放手了。

一切萬有以為這個分離會失去彼此，可是，所有的創造物就是創造者本身，即便在分離的同時，一切萬有依然在它的創造物裡面，所有創造物也依然在一切萬有的心裡。一切萬有感到神聖的驚奇，看見自己的心，如此燦爛，如此分明，它的每一個心念、夢想，每一個思想、感覺，萬物因為分離而自由地創造了自己。在這樣的擴張裡，一切萬有滿足了自己渴望創造一切的所有意圖。

賽斯帶來如此大的圖像，令我們對物質宇宙和生命的誕生，以及所謂的死亡，看見一個更是事實的樣貌。

因為與一切萬有的分離，我們生命被給予了；因為與這一次生命的分離，靈魂進入另一次開始。開始即是結束，結束即是開始；沒有結束，也沒有開始。

賽斯還說：

「你不需要掙扎才能信任你自己生命的衝力，那衝力永遠是要領你朝向你自己最佳的成就，且以一種也會利益人類的方式。當你信任你自己生命的衝力時，你永遠是被支持的。」

「對於宇宙的目的，你們最接近的了解，可以在你們對於自己孩子的發展的那種摯愛感情中找到，在你們要他們能充分發揮其能力的意圖中找到。」

「而你們自己最細微的動作之所以可能，只因你們已在物質世界中被給予了身體。你們已被給予了生命。在每一刻生命都被更新。你這　安穩不費力的騎在生命的能量上，以致你有時渾然不覺。你並非配備了一個定量的能量，然後就用完了，死了。反之，你是在每一刻重新被創造。」

生命由出生前神聖的靈感而來，配備著此生源源不絕而夠用的繁複力量，投入價值完成的創造過程裡，直到再一次渴望新的創造而必須分離，同時，我們感覺到對原先所擁有的不捨。在這個兩難之局裡，只有放手去經驗分離，才能令自己與摯愛的人事物彼此自由，回頭再體會到，我們原來都是一體的，並且因為分離產生的創造，更令彼此擴大。

就如同對於自己孩子的摯愛情感，父母們會希望孩子充分發揮他的能力，而不是抓著他不放。例如，當小小孩最初開始嘗試要餵自己吃飯的時候，父母即經驗到一次放手：「從出生都是我餵他，這時候他怎麼會把我的手撥開，還反抗地說著，『我要自己！』」即使不放心、會失落，多數父母仍會願意放手，同時帶著期待並鼓舞孩子，「你好棒！」生命就在這樣摯愛情感的看顧下，學會自己吃飯、走路，或是開始有了想法、觀念的變化和叛逆。後來一步一步不斷地或大或小，畢業、換工作、換情人、搬離原來的家，也在與早先的自己不斷分離中，完成自己的生命。父母與孩子之間，每天都在經歷一些實質或意識上的小分離裡，而我們每一個人，也是我們自己的孩子與父母。

在生死交關的神聖難局，只有回到摯愛的情感裡，我們才捨得，也才有力量放手。而在整個生命的歷程，我們有著不斷練習分離和放手的機會，在一次一次地擴展中，學習活著，並面對死亡。

4

一個分離的過程與一段失落的體悟

死亡只是你自身感知的一個盲點

《早期課二》裡，賽斯提及心靈宇宙的內在法則：「死亡其實代表你當下感知能量轉化、甚至價值完成能力之中的一個盲點。死亡，只不過代表你自身感知的終止。」意思是說，至此只是你所能夠了解的終止，但實相並未終止。面對死亡之所以困難，是我們碰到了感知能力的終止，既感覺不到，也無從得知死亡為什麼發生，以及死後的事情，因此感到抗拒並害怕。因為我們的感官並非配備來感知能量從一個轉化成另一個。

在課裡，賽斯藉由說明內在宇宙的法則，幫助我們擴大瞭解。

雖然並非優先順序，但所有法則中他最想講的第一個，就是「價值完成」。每一個生命始於自己的神聖靈感，投入物質實相的創造。在世上發生的每一件事情裡，都帶有價值完成的成分。

第二個法則，叫做「能量轉化」。比如說，在物理性的，一個人為了鑽過一個洞、會把自己身體縮成一圈，而為了摘下樹上的果實，會努力把自己的身體向上拉直拉長，這是物理性的轉形。類比在能量上的，為了完成一個人的自助旅行，我們可能會把原來膽小的自己壯大變得勇敢；或為了從別人的期望和限制中活出自己，我們會開始學習接受自己可以被討厭、可以讓人失望，這是內在心靈的轉化。又或者，為了能夠體驗當女生的好處，一個人得放下這輩子男性的生理性別，重新投胎做人，這又是更大的能量轉化。

第三個法則，是「自發性」。意思是，當我們不阻礙自己的靈感和渴望、容許內在自然的流動，能自然的做自己，事情會自動地發生而有進展，價值完成和能量轉化也是自然的發生。猶如不干涉自己的飲食或睡眠，人會自然感覺到生理的需要，而自發的進食與睡覺，包括何時吃、吃什麼，也自然不會吃過多，以及何時睡、睡多久，並且會自然的睡醒。

宇宙和生命的創造及生成，便是不斷地透過價值完成與能量轉化。我們投入地球實相為人，就是學習轉化自己內在的能量，具體塑造成生活上的種種物質建構以及生命中的實質體驗。「一旦精通了價值完成和能量轉化這兩條法則，能量自然而然就會耐久。」「耐久性」是第四個法則。

一般來說，絕大多數人的學習之路都從小學畢業，上國中、上高中……。過程裡，假如沒給自己太多干涉和要求，大部分人其實也沒有什麼掙扎，會自然耐久一路走上去，學夠了一定得畢業，一段一段的也就長大完成了學業。可是，假使一個人要求自己永遠表現優異，或希望自己永遠當個小學生，要嘛會覺得辛苦想抗拒，要嘛會覺得無聊且侷限，以致覺得不想再讀書了——總不能讓自己在一條不適合自己的道路上疲於奔命，也不能把自己永遠塞在一個不夠汲取學習的小學校裡面。

肉體層面經驗的分離和失落，於靈性層面而言，事實上正在發生的，是價值完成與能量轉化的過程。這一世的活過與價值完成，為了要再一次開始不同性質的價值完成，能量轉化一定是伴隨著發生的。於是我們卸下原來的肉身，轉換成另外一種形式的存在。靈魂透過死亡，因而在無窮無盡的一切萬有中繼續創造和體驗，這又是死亡本身要帶來的價值完成。靈魂在創造上的自發與持久，那也就是靈魂永生。

死亡對我們肉身而言，只是感知與瞭解的終止，然而對靈魂跟精神能量而言，一個人結束了這一次的肉體，再一次回到一切萬有裡面，甚至所有我們摯愛的那些人，可能早已投胎，轉化成為另外的肉身，正和你望著同一片天空。以為不在了，然而一直都在。

從有到無，從無到有

媽媽斷氣的那一刻，我感覺到生命終止的強烈震撼。一個人本來會呼吸、會看著你、會摸摸你，然而她呼吸停止、再也不動、再也不回應你，所有原本的動作，全部戛然停止；最後，這個軀體火化燒掉，也沒有了。一個活生生的人從有變成沒有，不僅如此，連同因為有這一個人在、才會有的那一個我，也被停止了。我的媽媽就這樣沒有了，我覺得不可思議。

媽媽死後，我常用來安慰自己的幾個動作之一，是告訴自己：「A的媽媽死了，B的媽媽也死了，我的媽媽為什麼不能死？」（A與B是我的好朋友）。就是，每一個人的媽媽最後都死了，我的媽媽為什麼不能死？那又如果這個死是每一個人都必經的過程，有生就有死是生命的自然現象，為什麼我這麼悲傷難過？

那時，我深深覺得：我們所受的生命教育一定有bug，一定有漏洞而且洞很大，以致我們沒有辦法把一個自然現象當作自然現象；以致我們撐受不住死亡發生的重量，有些人甚至因而痛不欲生。當看到賽斯說「死亡是你們感知上的一個盲點」時，我感觸極深：這就是那個bug！

我們以為聽不到、看不到、摸不到，這個人就沒有了，我們不明白靈魂永生，不相信能量在物質之外、確實還有它形形色色、各式各樣的存在。在媽媽過世的一段時間裡，我總是既悲傷又感到不可思議。而今一面回頭，一面看著眼前原先看似如此開始、如此結束，實則沒有開始、沒有結束的世界，心中對於死亡所感到的不可思議，益發覺得生也不可思議。生命是本來沒有，然後它就生出來了，還就一直長到我們現在這麼大或老，最終死掉，再度回歸成沒有，然而——一切竟也一直都在。宇宙的萬事萬物，所有的一切都不可思議。

活著既要入戲，又不能太入戲

每一次轉生，是因一種內在的創造需要，我們將自己變成自己意念的創造物，成為了某某人，要透過一次肉體的存活，來擴展我們靈魂體驗以及創造的需要。一旦進入生命的歷程，我們就會投入自己的創造裡頭，在其中產生了自我，感受著人性的所有喜怒哀樂、愛恨貪嗔癡，而為這所有的感知心醉神迷，形成了自我意識。自我意識，它像是忘記了開始之前的事情，以至我們才能夠盡情盡興投入體驗。可是，自我始終還是得回到自己，跟自己在一起。

活著既要入戲，又不能太入戲，開始先要投入，最終又要放手，都是我們活著的兩難。

比如說，今天跟某人吵架，這個吵架的歷程，是自己為了要將心靈體會到的緊張痛苦活出來而發生，從經驗裡明白這種滋味是怎麼一回事、學會如何面對和化解，一但明白、學會了，這件事情發生之前的渴望，也就價值完成。在這過程裡面，我們得先入戲才能充分體驗，但自我就會心醉神迷在這些感受之中，可是一旦入戲太深，又變得不知道如何自拔，於是體驗的滋味就只感知到了痛苦。如同一個有趣的英文單字：Suffering。Suffer 這個詞本身意指的，是遭受、經歷，然而，當我們遭遇某一種處境——現在進行式時，就是 Suffering，覺得不只是遭遇了，且將此中的處境叫做受苦、痛苦。實際上對靈魂而言，它就是遭遇一種經歷。

受苦的感覺，對於活著的我們而言無比真實，才會往往以為除此之外，別無其他意義。但從靈性的層面來說，任何事件都可以是成長和發展的過程，每一次在自我感覺受苦的神聖困惑時刻，也是自己學習如何通過它的轉化時刻與機會。

舉個例子。一對從學生時期就交往多年、才新婚一個月的年輕夫妻，丈夫突然得到了嚮往已久的出國讀書機會。妻子多年來從未與伴侶分別，卻在新婚後要與伴侶相隔兩地，獨自適應新生活和新的已婚身分。年輕妻子在這狀態裡，感到孤單而覺得受苦，但她開始結交新朋友，學習安排自己一個人的活動，從中找到了一個人生活的快樂，透過與丈夫分離的狀態，成長出獨立生活的能力。接著，兩年的時間到了，丈夫結束在國外的生活體驗拿到學位，終於返回他只住過一個月的婚後新家。年輕的妻子與丈夫，兩人都熱切期待小家庭的新婚生活。丈夫覺得一切生活和已婚身分都是新的，需要開始適應；然而，妻子已有了自己生活的節奏和活動領域，還有新朋友。

這位年輕女性成長到她的新婚丈夫無法接受，並產生了困惑，他覺得妻子不只沒有在心理上與他一起，也變得令他感到陌生，她不再是「婚前」熟悉認識的乖巧女生。妻子也產生了困惑，她感覺自己愛這個人，不得已才學會了獨立生活，卻被丈夫指責「妳怎麼變了，妳不應該如此」。當一方已完成一段成長，另一方才正要開始，這時候，如果丈夫可以跟著成長，也接受妻子是個新女性，而妻子可以放慢自己，扶持這位男性一陣子，兩人的能量或許能夠繼續往同個方向成長和擴展。然而，故事是雙方都覺得沒有辦法再共振、回到原來舒服的能量裡，於是在一段衝突拉扯的過程後，決定離婚了。

這例子，也是一次的分離和放手、生命過程裡的神聖困惑。也許離婚後的一、兩年，兩人也都還需要沈澱整理，學習如何勇敢度過一段關係的結束，重新認識自己和發現意義。再幾年之後，兩人都有了新對象，也各自再婚並且過得幸福快樂。此時，兩人都明白是上一段關係的學習，讓現在的自己變得不一樣，體會到生命的驚奇。

一切萬有在創造天地宇宙萬物時的兩難之局，就好比離婚這樣的分離，經歷了一次在不捨中放手，隨之是神聖的驚奇。

現在再回來談死亡的分離跟放手，我們彷彿稍微可以覺得安慰和安心，也簡單親切一些。肉體生命的第一次神聖擴展，便是出生時的經歷，最終極的一次神聖擴展，就是通過死亡。由出生到死亡，整個過程中會發生無數大大小小的擴展和轉化，那些就是我們習以為常的成長。

當然，最困難的就是 suffering 時刻，事情正在發生的時候。因為我自己學習心理學又讀賽斯書這麼久，而真的到了那些時刻，卻依然體會到：過去的知道都只有知道，唯正當通過的時候，才是經歷了真切的分離和失落。臨終、告別、往前，我們要如何才能通過死亡這一次分離帶來的巨大失落？

分離

曾經在與個案談話中，我告訴他：「雖然你愛媽媽，但是你並不想跟媽媽一樣。」個案說：「對，我愛她，但我不想跟她一樣。」我說：「有沒有可能，你可以試著把這一句話告訴媽媽？」他說：「妳是要我告訴她『媽媽我愛你，但我不想跟你一樣』嗎？我說不出來，好難喔……」問他為什麼，他告訴我，這樣說的時候，他感覺到一種被拋棄的感覺，就像是他拋棄了媽媽，而媽媽也會拋棄他。

這位個案的困境，是分離焦慮。分離焦慮並不會只限定在實質上與他人物理距離的分隔，通常更是心理意義上的「我跟你，我們沒有感覺在一起」。每當發現自己與所重視的人不一樣時，我們會感到緊張、不安，甚至憂慮及惶恐；這幾乎是華人成長過程的一種普遍焦慮。因為我們是在集體主義的文化思想下演進到現在，害怕跟所愛的人不一樣，害怕和周遭的人不一樣，不論是在思想、感受，或行為上，我們不斷地經驗且被分離考驗著。當我們恐懼失去彼此互相同意的摯愛感受，覺得萬一製造了分離，不僅象徵著自己不愛對方，也相信會同時失去對方的愛。如果我們一直以來都把對於分離必須感到的恐懼視為理所當然，那麼，一旦面臨「生死兩別、天人永隔」時刻，你我將以巨大不一樣的層面及方式，分別存在感覺再也無法觸及的兩個世界，想起來肯定會是異常艱難——不只在死亡發生那一刻，連同死亡發生之後的一切，全部都將異常艱難。

要送媽媽去安寧病房住院之前，原本媽媽一直不肯去醫院，但後來實在有許多身體上的狀況已經超出我們的處理能力，當時我內心是懷抱著這樣的希望且相信：住院接受症狀處理，處理好就能出院。於是我跟媽媽說，就進去把肚子痛弄好、上廁所弄好、腳的水腫處理好，我們就回家。

當媽媽終於點頭時，我抱著媽媽的肩膀問她：「媽，妳會怕嗎？」她回答：「怕，很怕。」我問她怕什麼，媽媽說：「我怕要跟你們離開。」媽媽在她的決定裡深深不捨，在她面對即將分離的巨大焦慮裡。她還告訴我說：「就因為不捨才活到現在。不過，妳不要哭，這是我的命，你們四個好，我就會放心，你們要好好的，這樣我就會放心。」心中帶著同樣的惶恐，還有悲傷，但同時我告訴媽媽：「媽，沒要緊，妳先去，有一天我也會去，我們都會去找妳。我們還在這裡再玩一玩、混一混，妳先去，我們一定會再見面。妳在那邊先等一等，也先到處看看玩一會兒，到時候我們去，妳要來接我們。」

斷斷續續地又把這些歷程講得這麼細微，就想讓各位讀者們明瞭：在這裡活著的我們每一個，所要面對的就是如此艱難不易的歷程。重要的是，不管是自己或是摯愛之人的死亡，我們能否現在就開始試著了解。

即便不容易，分離在意義上，確實是生命成長和靈魂擴展的自然現象。如果我們能夠開始，從每一次生活中小小的分離裡勇敢學習放手和信任：你以為他不在了，然而他一直都在，你以為愛不在了，然而愛一直都在。在每一次的勇敢之時，一再體認那種「對於自己孩子發展的摯愛情感」，蓄養對分離會帶來賽斯所謂「神聖的驚奇」的不一樣信心，如此到生命的最後，也會較少艱難地，信任和放手。

心理治療有一句話很直白：治療分離焦慮最好的方法，就是去經歷分離。唯有如此，一個人才有可能真正學到如何走過分離歷程。

● 爸爸。以及他與媽媽的分離

談及分離確實是巨大難題的這一段落，正好適合正式地把我爸爸介紹出場。因為我將要說到爸爸一個有關他與媽媽生死分離的夢，以及媽媽、我與爸爸生活裡十分家常的心理分離往事。

爸爸是一個——用我的話簡單地說，就是外星人，從前我覺得他是個沒有靈魂的外星人。台灣話說：他的感覺很淺，專業話說是：沒有 psychological mind 的人。

爸爸對很多事情的感覺，在我看來總覺得很特殊。舉最極端的例子，有一次，他從廚房用抹布隔熱把菜和湯端上餐桌後，抹布放在餐桌上，吃飯時我見到餐桌上有很多螞蟻，發現螞蟻是從抹布上爬到桌上的，當下我說：「怎麼那麼多螞蟻？抹布上都是螞蟻！」爸爸就回應我：「對啊，很多螞蟻啊，剛剛在廚房我就看到抹布上有很多螞蟻，拿到餐桌來還是很多螞蟻。」如果是我，在廚房發現這狀況，一定先清洗一下，把抹布上的螞蟻處理掉，再用來端湯。而爸爸，可以使用有很多螞蟻的抹布端著湯放在桌上，然後把抹布好端端繼續放在那邊吃他的飯。諸如此類的生活事件，爸爸對我而言，實在是一個外星人。早期，對於這種生活習性的不一樣無法理解，媽媽較淺的感覺是生氣，日子久遠累積成較深的感受是「這個人沒有心，這個人對家、對我，沒有愛」。那便是媽感覺到她與爸心理意義上的分隔（離）：我跟你，我們沒有感覺在一起。

後來，認識到爸爸對於那些媽媽和我都在意的生活細節，他是真的沒有感覺才不以為意，與對家人有沒有愛無關。

因為，要說他沒有心或無感嗎？外星人特別的是，又經常為我們覺得不需要或不重要的一些事情，多年來始終如一，爸爸總有著要為我們服務的種種堅持。例如：當我們回到或要離開老家時，他絕對會放下手邊的事情排除萬難，非得到樓下指揮安頓我們停車開車、迎接或送別；當他清晨早起運動完，買自己的早餐回家時，一定要幫全家人都帶上大家不見得要吃的早餐。爸爸就是如此在自己的感覺裡活著。然後，爸爸很愛玩，家裡待不住，常常他白天都不在，到了中午回來吃飯，吃完飯睡午覺醒來，他又出門不見了，忙著很多的社團或活動，或他喜歡的種花種菜，到了晚餐時間又回來吃飯了。對比之下，爸爸對許多家事有沒有做或怎麼做常常無感，朋友和活動卻很多，整天都在外面跑，要他不要出門比登天還難；媽媽卻是一個對種種家事有沒有做、應該如何做，過度有感覺的人，並且我形容媽媽像是植物，她不愛改變、不愛行動，就喜歡待在家裡，好像就永遠定在那個位置，如果我們要帶她去哪裡，換個位置彷彿要了她的命一樣。

這兩個人的不同之處有多大，他們婚姻中的衝突就有多大。媽媽在世的時候，許多時間是處在面對和爸爸這些不同所衍生的埋怨，以及對於自己的婚姻感到不安和不滿——那是活著時不被摯愛的焦慮感。而卻在媽媽過世之後，爸爸才遇到了他生命中前所未有的困難——那是面對家裡長久給予自己生命活力和滋養的植物死了之後，不被摯愛的焦慮感。

媽媽死後不久的某一天，回老家和爸爸吃飯，他告訴我他做了一個夢。爸說：「噹啊，我做夢找不到媽媽。夢裡，整間厝裡都暗茫茫，我一直開燈、一直開門，每一個房間我都開門又開燈去找，就是找不到媽媽。媽媽不見了。夢裡整個家我一直來回跑來跑去，都找不到她。」接著他問我：「媽媽不識字，她也不會開車、不認識路，會不會是在她過世之後，我們從醫院引魂到外面的會館、又到火化場、到靈骨塔……繞來繞去換地方，媽媽在這個過程被帶來帶去帶不見了？」

聽到爸爸說夢的時候，當時的我內心很悲傷，卻因為還未能安頓好自己的悲傷和失落，而只輕輕跟他說：「不會啦，媽很安全。媽媽在另外一個世界很好。」而爸爸接著說：「可是，不然我怎麼都沒有夢過媽媽？還夢到找不到她。」那一天直到回我自己的家中，想著爸爸說夢的時候，實在就忍不住哭。爸爸說出了活著的我們面對分離的兩大難題，其一是對死去媽媽的心疼不捨，不曉得她現在在哪裡、過得如何，所有無從得知的惶恐；其二，是對於留下來的自己，現在接著要如何活下去的慌亂。爸爸想媽媽，只有透過說夢才能講出他想媽媽，以及他此刻即使在家裡、內心卻感到一片暗茫茫的惶恐和慌亂。

我於是打了電話回家，話中問他：「爸，你很想媽媽對不對？」爸說：「對啊，而且媽媽怎麼不見了？什麼話都沒有說就不見了？」雖然前面曾說過，媽媽給了我們很多時間跟她告別，然而，對於爸爸來說，卻是媽媽過世之後，爸爸才第一次明白他跟這個人分離了，以致與媽媽近在咫尺的他，未曾來得及與媽媽道別。對大多事情都不太認真去感覺的爸爸，在媽媽還在世的時候對即將發生的分離沒有感覺，然後他做了這個夢，在夢境裡，比現實中更真實地體驗著：他找不到、然後他不知道該怎麼辦。

信任死者與死後世界的安詳

我們的靈魂透過一次一次的誕生、活著、分離、死了之後再重新開始，來擴大全我對自己創造性渴望的了解，而所有每一個活著與死後的自己，同時在多重宇宙的時空中存在，體驗並完滿著自己。

我們必須再一次把視野如此放大，面對分離和失落，它才變得可以理解，才不會感覺那麼傷痛。

首先，對於死者的情感，我們要知道：一個人不論境況如何，他都在盡全力專注地創造與完成他的生命：透過自己的生長及發展、衰病及死亡，靈魂都得到擴展。所有你愛過的對象，以及所有他曾活過的自己，都沒有消失，並且，他在死後的世界感知到「明知之光」和「愛的氣場」。關於這點，有興趣的讀者可以閱讀《一個美國哲學家的死後日誌——威廉・詹姆士的世界觀》一書。以下簡要地摘述並加以詮釋如後。

威廉・詹姆士活著的時候，他有對自己的不信任、也有對人性良心的過度敏感。他是一個過度壓抑自己感覺的心理學家，他怕事情做不好、怕對不起別人、怕自己不能夠信任，因而活在一個很壓抑的感覺裡。死後的他，卻透過珍的口述傳遞給我們這些資料——關於他死後所感受到的存在：

「這是一個充滿善意的護持著我的宇宙，像一張讓我靠坐其中的椅子，一把有如量身訂做、配合我身體輪廓的椅子。……這個氣場有靈敏的反應，我很確定它在回應我，雖然它無所不在，但不具強迫感，就像夏日。它比較像是一種使人心曠神怡的媒質，所有生命都沐浴其中，因此令人幾乎忘了它的存在，或者說把它視為理所當然。

「……例如：它的氛圍質性，它的溫吞內斂，可能只存在於特定的理解層面，那感覺很奇特，這種感覺並不搜查我、檢視我，或在任何方面壓制我，這令我感到安心。相反的，它悄悄地為我提供了——什麼？慰藉、支持，一種輕快的浮力，使我的存在獲得全面的強化、振奮，同時導引我去覺察更引人入勝的發展，或更確切的說，去感受我的存在本身能夠在絕佳的安全情況下，擴展延伸、甚至改造。

「……我同樣確信，這裡的每個人都有一樣的感受，都以相同的方式受到滋養；雖然沒有辦法證明這一點，但我知道，地球上每一個人也都受到同樣的護持。這個氣場或它的光不帶任何的壓迫性，但它似乎有一種我只能稱之為神聖之積極被動狀態。它吸引你的注意，但不催促，而它的力量消極被動，看似一種處於積極等待或邀請的狀態，永遠接納包容，力量無比溫柔，彷彿它非常清楚自己的能量，知道即使是它最輕描淡寫的愛撫，也有可能會壓扁他所愛的對象。

「……就拿異域植物來做比喻好了，那就好像我的被『澆灌』、培植、光照時間，都是依照我實際需要的比例而給予的；不會被給予太多的光，或過度施肥，而是自然而然地接受完全符合我所需求的。

「……那種親密關係比地球上任何可能的親密接觸都還要深刻。

「……這種氣場也同樣很積極的想要去培育、支持，以及像一名多年不孕後終於懷胎的婦女，心裡的愛滿到要溢出來了，想要把所有一切都給予這個胎兒。……我並非主觀的感覺在這種光的照耀下，像我所形容的那樣變成一個嬰兒，而是感覺到我潛在或心理上有一些等著我去填滿的輪廓，就像可能有個人會感覺到，在地球上有個他所愛的人，內在有個完整的人格形象，但那個形象永遠不可能被具體化。

「……而明知之光的氣場，則是感覺自身的存在從一種狀態被牽引到另一種更使之心滿意足的狀態。……地球本身與一切的生命所需都是贈予。人與動物來到一個一應具備的世界，田野、植物、空氣、水——每一個元素都完美地契合在一起，並且相輔相成、彼此促成——這個神奇的建構如此渾然天成，使得人類將其存在視為理所當然。」

這是威廉・詹姆士告訴我們他的死後體驗。原來死後的世界，在明知之光與愛的氣場裡面，每一個人都全心全意、就像一棵植物一樣，被培育、被澆灌、被滿足於一種所有適合他而剛剛好的一種愛意跟氣場。意思是，他死後回歸或是的確去到了一個更好的地方。

這是一位死後的人告訴我們的訊息。當我們看到這裡，每一個人都可以為摯愛的人，以及將來自己的死去，感到很心安。死後的世界，會到了這樣的光與氣場裡面。

心理學大師卡爾・羅哲斯（Carl R. Rogers）在《成為一個人》書中講到：一段能令人成長的關係有三個條件，首先是以一種真誠與真實合一的態度，令一個人能如其所是的是他自己。第二，是一種溫暖的關懷，對於一個人所是的他，無條件積極正向的關懷。第三，是一種敏感的同理，對一個人所是的他，都有一股深刻的瞭解。

用羅哲斯的說法，加上我的詮釋，或許可以試著這麼說：明知之光，就是一種知道，對你如你自己所是的、對人對物如其所是的每一個部分，全然同理的知道；同時，感覺自己存在一個完全被了解、被理解，與被深深同理的氛圍裡。在那裡，一切都是瞭解的，不只你被瞭解，自己也瞭解一切的發生；不只那個氛圍了解你，你也了解自己和全部，而感覺到對任何情況都很安然明白的一種知道。而「愛的氣場」，或許就接近無條件的積極正向關懷，不管做什麼都是可以的。你感覺自己如你所是的每一個部分都被支持、被愛，被舒服而有彈性的愛輕柔撐托及覆蓋，並且自己也支持並愛自己。我們因而充滿勇氣。

在物質實相裡，我們質疑自己為什麼這麼做、怎麼可以這麼做，所以總要由被人了解來支持自己，並且要別人來告訴自己「你可以」。然而，在明知之光與愛的氣場，不只在死後的世界裡——地球裡的我們與一切也是，都會變得沒有那麼難，任何你的需要和行動都被自己和一切所了解支持；你也愛自己、支持自己，瞭解一切的發生是自然而然的，任何事也可以自然而然去做。

你不需要為摯愛的人死亡感到悲傷，不論那是三歲的死亡、十七歲的死亡、五十歲的死亡；死者只是藉由他的死亡投入了另一個存在的形式，並且，他在明知之光與愛的氣場裡。

還剩下的，是活著如我們，要如何從悲傷與失落，在愛人離開之後，找回自己愛的氣場與明知之光，進入活著的另一段生命。

爸爸的失落

最難的仍是，活著的自己要如何安適。常常，我們後來的痛苦並不是不相信死去的愛人過得好，可就是覺得自己被留下來很悲傷、很不幸，要如何帶著這些悲傷跟不幸繼續活下去？

一個人死了，是他放手了、自由了，他同時還將更大的自由還給了我們。我們不再害怕他過得不好，因為他去到了一個好地方，我們也學著對他放手。縱使如此，我們對於死者依然會有無盡的追思，也可以有永遠的想念。

當此之時，還必須回來面對自己。活著的人，不只是跟死者分離、要對死者放手，同時，是要跟你所愛的人健在時的「那個自己」分離──與一個舊的自己分離並放手。我們會經驗到一次送走原先的自己，而進入一次新生──投入自己生命的一次新開始。

此時的困難，正是經驗自己一次能量轉化上的困難，我們要轉化自己的內心與精神。而這些轉化是什麼？大抵是由與這個死去的人有所關聯、原本物質實相的衝擊或崩解，而啟動一個新的開始。例如，過去媽媽煮飯給我吃，現在我要吃什麼？過去爸爸讓我放肆地表達情緒，現在我的情緒該如何找尋出口？過去爸爸媽媽是我付出愛的對象，現在我的愛要收回來放到哪兒去？等等這些。

人們解決失落與分離焦慮最常使用的方法，就是將它找回。好比有一個心愛的玩具不見了，最好就是把它找回，想要重複過去那個溫暖，來令自己感覺不失落。可是，爸爸連在夢裡都再也找不回媽媽，因為那個找不回來的感覺，不知道該如何安頓自己。

雖然可笑、然而卻真實的，就像戲劇裡演出的一樣，我們在媽媽過世之後，全家一起吃飯，也會把媽媽的椅子拉出來、把媽媽的碗筷擺上，因為想要重複媽媽還在的感覺、想要把它找回來安慰自己。我們真的做了很多事情想要重複媽媽也在的感覺。可是，越是這麼做，越是赤裸地在眼前突顯出有一個空位，而更感到無比的失落，並覺得自己可憐。

從前喜歡背著媽媽的規矩混水摸魚的爸爸，異於往常的，最積極且堅持要把一切弄得像媽媽在的時候一樣。那一年的除夕，爸爸一直忙、也叮囑著要我去買什麼又再買什麼回家拜拜，說因為媽媽都要準備什麼又再準備什麼。因此我跟他激烈地大吵一架，猛烈且重複一次又一次地對他吼著：「我不要拜，媽媽已經死了，不用拜了。」喊完之後，我卻還是去菜市場買了所有爸爸說要買的東西。後來跟家人或朋友們說起時，我總說：媽媽死之後，爸爸長靈魂了。爸爸因為找不到媽媽，他複製著媽媽在世時所做的許多事情，直到清明節那一次的拜拜，爸爸拜著哭了出來。他跟二姐說：「我想要拜得跟媽媽一樣好，但是我為什麼怎麼做都做不好？我也不知道我為什麼要做這些？」

為什麼要做這些，因為分離讓我們的心很痛，因為失落使我們的生活飄飄蕩蕩。我們想要重複過去，爸爸真的做了許多事情。

然而，回到價值完成的意義上，如果媽媽放手、如果這個分離，一個層面是媽媽她本身令自己自由的重新去創造了，而另外一層的意義，是她也令曾經是她生命一部分的我們，以及她遺留在物質實相的一切，得到全部自由，去過自己的生命。如果要令媽媽死亡的價值真的被完成，那麼，我們不是一定要讓自己自由地過得很好嗎？

爸爸遇到的，似乎是比我們都更困難的課題。從來他都是很愛玩的人，住在老家旁的親戚和鄰居們都說：「你爸變了一個人了，現在人都不出門、不愛玩了，找他去玩他都不要。」更多的時間，他都待在家裡面，變得跟媽媽像植物那樣的不想出門、想把家裡的事做好。好不容易到了三月底，在新冠疫情較緩時，他終於報名要參加一個活動。未料，卻又與其他親人們相約要回南部掃墓，而決定不去玩。

事後，我會相信在此時間點上，爸爸的內心產生了一個轉折和重大決定。當我們姐弟四人都鼓勵他去參加活動，告訴他：「習俗和長輩們也說媽媽才過世，今年你不用回去、不要去掃墓了，你出去玩。」但爸爸說：「不行，掃墓比較重要。」自那天從南部回台北之後，爸爸總是恍神和睡覺，他自己也開始感覺身體不舒服。四月底，爸爸病情惡化不起時，南部的長輩們問了神——我們家其實就是很傳統的，而且舅舅當乩童當了超過半輩子。問神的結果，說是爸爸在掃墓的時候煞到了。即使長輩們有此說，我更願意相信：爸爸在這時所發生身體和精神上的轉變，是因為他自己做的重大心靈決定，而隨之發生的變化。

去或不去掃墓的決定，爸爸面對的其實是自己生命可能性的分岔點——要生或要死。爸爸決定向媽媽靠近，決定向媽媽認同，於是決定了自己要死亡，他將自己帶往他的想要，透過這個方式重新去到媽媽身邊。

回到摯愛的感受裡，繼續活在當下

許多人都在失落後複製過去。一來，這多少是令自己更停在愛人死亡的感覺裡；二來，停滯在那個死亡感覺裡面時，非常遺憾的，也就沒能讓自己摯愛之人的死亡價值完成。

在失落的過程裡，我們要面對且承認的，是事情或生活終究變得不一樣了。然而，一份與此人的關聯與愛戛然停止，著不了地、無法踏實，接下來該怎麼辦？

方法之一，我們要由分離的悲痛情感，拉回到彼此摯愛的感受裡。你不只知道自己愛著這個人，並一定還要知道且記住：他也如同你愛他一般愛著你；用這份無處給出去的愛與力量，把自己過得很好，因為你是他所愛的人。

失落的時候，一個人可能會認同所愛之人的死亡，想跟隨他而去，但那一定必須出於全部的自己都同意的情況——並帶著對自己與價值完成的理解，一個死亡才會自然發生（就像我爸爸一樣。關於爸爸死亡的價值完成，書中還會繼續說明）。記住無論如何，不要傷害你自己。

每一個人，可以更去理解對方死亡的意義，而決定如何令自己摯愛之人的死亡真正價值完成，來安頓自己的失落，回到更大的摯愛感受裡往前走。

再回到賽斯說，宇宙的目的，並非要這個世界或一個人去變成什麼樣子，而比較接近為一種意圖——這種意圖，可以在對自己孩子發展的那種摯愛感情中找到：我們會希望所愛之人能充分發揮他的能力來完成他自己。

現在，讓我們試著想像這種摯愛的心情，就像一個母親或父親，看著孩子成長的過程，你會欣喜他的擴展，你並不是沒有擔心、也不是毫無依戀，但是因為你知道自己愛他，所以即使擔心、依戀，你會說服自己：要放手讓他走他的路。現在，再去面對親人離世。你要好好活下去，因為你相信他愛你，而你也愛他。放手的意義是雙重，並且是雙方的——比如說，孩子長大了，去住校或離家去外面住，不只是你在經歷自己對孩子放手，孩子也在經歷對你放手。你從他的放手裡，學習對他並對自己身為父母的責任角色放手，他也從你的放手裡，學習對你和對他身為孩子的狀態放手。

死別亦然。他從他的死亡，經歷他對你的放手，也對某一個與你有關的他自己放手，而你也從他的死亡，經歷你對他的放手，也對某一個與他有關的自己放手。

每當感到困難的時候，就讓我們再次地回到你對他的愛，以及他對你的摯愛情感裡，來面對放手。他決定了自己的死亡，不僅他知道自己將去到一個好地方，同時也知道你能往前，信任你會過得好。因為他愛你也知道你愛他。而你能夠放手，也是同意讓他前往他要去的地方，同時也願意讓自己往前過得好。因為你愛他也信任他愛你。那麼，在一次的分離裡面，我們才能夠帶著信任，而使分離和放手的價值完成——結果一定是對雙方都有益的。

安頓失落，還有一個做法，就是可以經常在冥想中和對方進行對話，也可以透過做夢和記夢來與對方連結。練習與存在的不同層面進行對話，不論與你自己或對方，透過冥想與夢境，去感知那些平日感知不到的訊息。

但因為情感是在心裡的，有學生曾經問我：他都已經死了，要如何去感覺到在對方心裡的東西？而當無法感覺到愛與被愛的感覺時，又該怎麼辦？

下一章我們會談到，透過你所愛之人的死亡，裡面會有自己要領回來的，你的功課，那很可能也是在你性格裡面，某一種同意對方會是這樣死亡的理由。再者，如果一個人始終未曾允許放手做自己，那麼大概一輩子會很難體會到自己是被愛的。簡單的例子，如果你臉皮很薄，從來不曾做過賴著不走這件事情，你怎麼會知道或相信，別人真會接納你的賴著不走？

只有真正的嘗試做自己，人才會開始感覺自己被接納與被愛。

我本來就是一個會與自我對話的人，於是剛開始，在精神上每當我想念媽媽時，我會在內心與她對話：「媽，你在哪？」媽媽最先都是回我說：「我不知道。」」我跟媽媽說：「媽，我好想你。」經常想著問著就哭了，而最常聽到她的回應是喊著我名字：「噹啊，妳不要哭，妳要去做什麼就去，妳去玩、玩得開心一點，妳要過得好一點。」那些由我周圍傳遞出來而被我身體細胞接收到的回應，全是媽媽的口吻和語氣。猶如她最後親口說出的：「妳好我就好。」

很像瘋子嗎？就算瘋，然而我覺得這是很好的方法。因為你愛他、你也懂他，你好想知道他的現在，那麼，你會感知到他最想告訴你的話，你會接收到訊息。

5

通過：勇敢的進入情緒，把力量帶回給自己

面對特定情景所帶來的特定情緒

在親人死亡之後，我們常常會反覆想起臨終前後的一些畫面和場景，而又一次陷落在當時的悲痛或恐慌裡。這些是類似曾經受到創傷而帶來的特定情緒與恐懼。

此時，我們可以如何去轉化它？

到現在，偶爾我想起媽媽最後身體的狀況，也還是會瞬間感覺心痛；偶爾想起爸爸在加護病房時，清晨或夜晚接到醫院來電要決定突發的醫療處置，也還是會瞬間感到恐怖。爸媽過世之後，一開始也會因為悲傷、因為害怕，而有一些地方無法再去，例如醫院、曾經一起吃飯的餐廳，一些事情無法再做，例如使用媽媽給的鍋碗瓢盆、吃爸爸給我還未吃完的食物，甚至是回到當時沒有了爸媽變得空空蕩蕩的老家。

面對這些畫面和場景，以及與其關聯的種種情緒，只要還活著的一天，我們一定會有許多機會與它擦身而過。我們無法將它凍結在某處，每次經過它就繞過，或假裝沒有它。

現在我們要學著：不只經過它，還要「穿過」它，才能讓事情和感覺「通過」。

接納每一個真實的自己

那些悲傷或恐懼的感覺，從經過到穿過，並不是一件容易的事情。因此首先，有一些習俗上堅持的程序：例如照顧家人臨終一定要事必躬親、臨終前要見最後一面、臨終時要瞻仰遺容等等，我認為其實都不需要堅持。

一來，病人在臨終時的意識狀態，通常已經不是原來你熟識的他了，這些活人認為的堅持、在人之將死的時候，實際上，主角自己本身都在逐漸放手、或者早已經不在意了。再者，病人臨終前的身體形貌大多都不怎麼好看，萬一徒留這些最後的畫面，往後陷入悲痛而無法通過，而不能去記住過去的美好回憶，也未免太可惜了曾經在一起的所有時光。

當然，如果你跟我一樣，在臨終前的每一步幾無遺漏，一步一步陪伴父母走向死亡，這也是另一種幸福。我也是如此近身死亡、而更認識死亡，也是因為陷入過那些傷痛和恐懼場景，而不得已學習如何穿過與通過它，而有了現在的了解和感動。這些轉化歷程，全部使我在生活與工作中都變得更有力量、面對生命更有勇氣。但縱使如此，我仍不認為每一個人都需要去經驗最後的這些過程，甚至覺得如果情況能免，那麼也就免了，重點是完全不需要勉強或為難自己。因為生命是可以不用這麼辛苦的。

第三章中，我提及陪媽媽最後一程時，我們因為太專注在她的呼吸，不知道她到底斷氣了沒，以為她斷氣了正要哭、她就又呼了一口，我們四姐弟嚇到一下、都笑了出來。這個小小情節，真實又溫馨的，幫助我們每當想起那個早晨，變成笑中帶淚，而能通過那個景象。情緒的本質，其一它是多重而複雜，同一個時間點上，我們的感覺往往不會只有一個。其二，它是一直在變動的。其三，當隨順著感覺而令它自發的流動，感覺往往就只是流過我們，而自然地成為下一個感覺。以我寫下的這個例子來說，就是在那麼悲傷的時候，下一秒我們竟笑了，再下一秒才又哭了。

當往後有機會經過悲傷、準備要通過它的時候，我們得要關注到：自己內在的感受不只一個，你不會只有一個感覺。去肯定每當感覺發生的瞬間，內心最真實的每個自己。你必須願意去看見，並且接納自己的每個感覺，才會允許自己笑出來。願意就能看見，同時接納自己的自然現象，有常情的自己、有生物功能自發的自己，是幫助不陷落、能將自己帶著往前的最大力量。

當我們心醉神迷於過往的傷痛情景，往往會過度認真，入戲太深就會只看見一個感覺並專注其上，以致忽略了當下還正在發生的事情。其實每一個此時此地，因為身旁的人可能不一樣、天氣不一樣、心情不一樣，情境都不盡相同。每一次的經過，都是一次新的機會和經驗。

● 經過並穿過

爸爸過世對年後，某一天，我跟朋友開車前往台北市辦事，路經了捷運行天宮站，就是爸爸那時候靈堂安置的會館附近。守靈期間，每次走出捷運站，我會先去對面的一家糕餅店，買些糕餅帶去會館吃。所以，那個捷運站、那家糕餅店、那個每次買的蛋糕，整段記憶是夾帶著悲傷情感的。

然而，朋友開車載我再次經過的這一天，車開到那裡時，我突然就說：「這裡，停車，我去要買蛋糕。」明明是曾經悲傷的地方，我也不明白為什麼這一天，卻衝動地感覺要去買蛋糕。朋友把車停靠在路邊，我下車關上車門，一轉身，就在跨上人行道時瞬間踩滑，我試著要扶住車頂，但手滑沒扶住就往下掉去，旁邊有一輛機車，我試著再伸手要扶住機車的把手和龍頭，一樣也沒有扶住，又再往下掉，我又再想用手抱住機車輪胎，結果也還是沒能抱住，整個人就跌坐在地、仰躺在人行道上。

我摔了好大一跤，可是人沒怎樣，只是有一點點的痛，因為已經分三次跌倒，跌坐的力道已經打折、打折又再打折了。買完蛋糕，回車子裡坐定，我跟朋友兩人都忍不住大笑不停，朋友說：「可以跟妳說實話嗎？我在車上看到，妳怎麼矮了一截、又矮了一截、又矮了一截的，然後不見了。然後我就趕快走出去看妳到底怎麼了……」我一邊有點痛，一邊覺得自己跌倒的過程實在很好笑、很像鬧劇特效一樣，矮了一截、又矮了一截……朋友並非沒有同情心才笑，我也真心覺得很好笑，一直笑到眼淚掉出來。

在這新的一天，那個熟悉的地方和蛋糕，似乎本來是會讓我悲傷掉眼淚的，卻意外因為發生了那個跌倒，又因為有個不一樣的人在身邊，出其不意的，一切變成了好笑的地方和好笑的蛋糕。我跟姊姊們分享了這過程，還說：怎麼會這樣？但我也因此通過了一個曾經的悲傷。

原本你以為每次經過就會難過，可是，當一個人願意往前的時候，你的內我會連結自我，讓自己在經過的時候，創造性的製造了一次通過的機會和方式，讓感覺就此變得不同。同時，你的能量被轉化了。

在重新練習往前的時候，有時候的確會感覺到舉步維艱，每走一步，都令人想起你跟這個人曾經經歷過的那一步，上一次有他、這一次沒有他，然後從此再也沒有他。使得你在摯愛之人離開之後，每當做那些過去熟悉的事情時，每一次都重新變成了第一次。好比，第一次回到沒有他在的家、第一次要自己煮飯給自己吃、第一次過沒有他在的生日和每一個節日、第一次自己去喜歡的熟悉餐廳等等。我的經驗是，所有的第一次幾乎都是先從哭開始的。然後，我們會一次又一次經過這些，練習穿過它，只要我們不停止地過上每一個今天與明天，就會有新的回憶發生和累積。只要你願意往前，你一定會往前。

意願改變

失去摯愛，你會感覺不幸和難過，但是除了這些，你可以開始問自己：「我願意為自己做些什麼，而讓自己與所思念的那個人感到幸福？」願意，是指你得要有意願讓自己變得開心、期待、使自己的能量發生轉化。

當你表達內在想法和感受時，就是在開始能量流動，就是在為自己行動。與此同時，你的能量一定會轉化，只是什麼時候發生、怎麼發生的，往往還不知道。我是怎麼做的？我就是一直講一直講，身邊有誰，就講給誰聽。

流動自己與為自己行動

天母的大葉高島屋，是我與媽媽經常一起去的地方。媽媽不在之後的第一次，買完週年慶的限定商品，坐在跟媽媽最後一次一起去、坐下喝咖啡的同一家店的同一個位置。我一個人來，心裡百感交集。當工作人員端咖啡過來的時候，我直直地看著她，對著她說：「這是我跟我媽媽來喝過咖啡的位置，但是她已經過世了。今天是她過世後、我第一次來。」

我又不認識人家，就跟服務小姐這樣說話。她嚇壞了嗎？沒有。服務小姐溫柔定靜的回應我：「啊，那她去了更好的地方。妳要好好照顧自己喔，咖啡很燙、小心喝。」隨即離去繼續她的工作。她走開之後，我掉下了無比思念與感謝的眼淚。

總共就三句話，她去了更好的地方，妳要好好照顧自己，咖啡很燙小心喝。我真心感覺這位服務小姐，是小天使來著。我做的事是令自己流動，而老天爺派了小天使回應我：她很好，妳也要很好，請活在當下。

當我們感覺到熟悉的情緒又來了時，所有的感覺，不論是悲傷、思念或是其他的心情，我說「一直講一直講」的用意，是指：你得流動它。而流動的方式並沒有限制，把感受講出來是最直接、最快速，也最省力的方式。不管旁邊是誰，都可以向這個人講一點什麼。如果這時候身邊都沒有人，現在的通訊軟體非常發達，還可以寫臉書貼文，寫ＬＩＮＥ給他人，拍照片上傳ＩＧ。所以，在我臉書上每一個會按讚留言的朋友，都是我的小天使。

在練習從經過、穿過到通過的階段，請把手中的拍攝鏡頭 zoom out 視野放到最大，視野變寬廣了，幫助你通過的線索和訊息就更多了。這時，不管你流動之後得到的回應，是來自自己的理解或看見，或是夢境、潛意識或其他神秘經驗，或是閱讀任何書籍，或某人說的一句話，只要能令你心安的，就把它拿來用。這些訊息是真的或是假的不重要，重要的是，你能確實感覺到安心跟踏實。

面對所有與摯愛之人有關的負面感受

每當想起那個所愛之人，除了悲傷，就是對他充滿無盡的思念。想起時，總是想到跟他之間一起經歷過的愛與美好，而再一次又感覺到萬般不捨。

然而，除了失去他而感到的悲傷與思念，事實上，我們與這個人之間的關係，倘若誠實地回想起來，在與他共同渡過的這段關係裡，難道全部都是美好嗎？往往也不盡然。不過，人又總會如此，因死亡和失去，所有回想起來的都是不捨和美好。而那些不盡然的，又是什麼？又要如何面對？

這是好重要也非常不容易的一題。因為追思跟想念會讓我們找到愛的感覺，成為繼續往前走的力量，但在不盡然裡面，也許更是很深刻的、必須轉化了才能真正往前走的力量。

● 要勇敢的先進去、再出來

我曾經有過一位個案，他爸爸在他讀大學的時候過世了，但是因為爸爸非常嚴格，所以在成長及求學的過程中，他記得許多爸爸對他的教訓和要求，包括學業成就的批評、為人處世各方面表現的不滿。基於愛與思念爸爸，也想複製回爸爸對他的愛，長久以來，他令自己處於不斷要求上進的狀態，一直很努力地讀書、工作，來找我談話的時候已四十歲，而我們的談話也進行了三年以上，他仍然持續努力地要再進修、再精進，期許自己成為一個優秀的人，要成為死去父親的驕傲。

像這樣的過程裡，到底是一種對爸爸的愛及無盡追思？還是停留在一種未能轉化的負面能量狀態，而影響著他現在的生命？這並非在說上進和努力是不對的，但他最初之所以決定開始接受心理治療，正是因過度努力和自我要求，對自己感到挫折、缺乏自信，也對自己與未來感到辛苦且無力。每當我們講起「為什麼對自己這麼嚴格」時，他總是說：「因為爸爸就是這樣對我，而且爸爸希望我要做到這樣。」

於是，我們有一個治療的可能方向，是希望鬆掉他的這個努力及對於成就的追求．找回對自己的信任和寬容。一方面，我們同意：得鬆掉這個努力，他才能擁有自己的力量，去創造自己的生命；然而另一方面，每當我們要鬆掉努力的時候，又彷彿像是要拔掉他與爸爸之間愛的連結。在這份對爸爸的依戀裡面，除了用「努力追求成就」這個方式得到愛之外，個案似乎沒有其他的方式。

諮商過程中，有一些過往的情緒漸漸浮現。其實，每當他被爸爸批判和要求的時候，內心是感到憤怒跟痛苦的。

我要講的是，例如「憤怒」跟「痛苦」，這也是你與所愛之人，在愛之外的某種矛盾連結。當這個人活著的時候，你為他帶給自己的這部分，感到憤怒而痛苦，甚至想要掙脫；但當死亡發生之後，因為死亡導致的失落，令你感覺與他的關係變得神聖不可侵犯起來，轉而認同曾經由他而來的痛苦了。你覺得這是現在唯一能愛他的做法，並想像自己也因此被愛。如同我遇到的這位個案，握著這個痛苦，來維持跟爸爸之間愛的連結，並在想像之中認為會得到認同和愛。

倘若只是這樣並不成問題，也不一定需要改變，這是本書第六章中會說到的，生命猶如沙盤遊戲的所有推演，所有方式都是可以的，只是，目的和手段都應該帶自己到心甘情願、安適自在，從中感覺安心跟踏實。此例的問題是，在維繫愛的連結時，個案同時也感到一種「再怎麼努力都不夠」的無力感，始終覺得自己不夠好，只要稍有鬆懈，隨之而來就是自責且充滿罪惡感；生命無時無刻都得注意，只要稍稍鬆懈就會踩到「一旦不努力，就會掉出愛之外」的窘迫線上。

如同這位個案，在面對失去親人的失落體悟時，究竟要如何才能夠由摯愛感受中真正的價值完成與能量轉化？真正地進入一段自己的新生命？這是一項做起來非常深刻的功課。

除了要從過去原本被愛的連結，延續成為自己愛自己的內在力量；同時，還必須進入過去被對方否定的負面感受，從裡面去找到並轉化出「真正對自己摯愛」的感受，而成為接下來自己生命的活力與動力。

由明白對方死亡所要帶來的價值完成，找回真正對他並對自己的愛

透過死亡的發生，對於生死兩方，都帶著價值完成的目的。對於亡者，他已藉著死亡，將自己投射進入另一個存在的形式，說不定也有了一次新的轉世；亡者的能量轉化，看起來相對容易理解，他這輩子玩夠了、完成了，然後靈魂離開這個肉體，換另外一個身分或形式，去體驗不一樣的東西。比較困難的，是活著的我們如何能量轉化，如何讓他死亡帶來的價值被完成。

不管是從你摯愛之人死亡的價值完成，或是從你自己的價值完成，把這些全放在一段失落裡面，我們必須有一個歷程——去進入自己所有與亡者相關的種種情緒，包括那些愛、思念與悲傷，也可能是恨與憤怒、痛苦的感受。轉化後才能重新整合自己的內心，開始另一段新生。

前面講到，面對臨終告別，我們要學習由生命全貌這個更大的視野，以及不同的角度來理解愛人死去，接下來，我們也藉此來推演編寫自己的生命，掌握自己生命的方向跟盡頭。更大的視野，就是靈魂永生與世間生相都是創造的本質，而不

同的角度，大抵都可以在價值完成的取向中發現。

再舉一個我自己的例子，來呼應前述這位個案的情況。

我老家是同一層公寓的對門兩戶，從屋中打通。爸媽過世之後，我們決定重新整理，留下其中一間，是家人們的老家和聚會所，另外一間賣掉。

媽媽一月過世，爸爸五月過世，我在八月的時候開始整理老家，十二月就把老家的一半賣出去了。很多人都問：既然那麼捨不得，為什麼要那麼快整理改建，為什麼還要賣掉？還有人說：你們真敢做，爸媽都還沒有對年（過世滿一年），就把老家賣掉了。姐弟與我內心都完全明白：正是因為捨不得，正是因為我們愛家愛爸媽，也正是因為深信爸媽愛家愛我們、希望家好我們好。

我是怎麼想的呢？爸媽那麼愛惜房子，媽媽又那麼愛乾淨，我們也希望房子能繼續維護得很好。可是，我知道房子的維持必須倚賴人氣，沒有人住的房子會慢慢敗壞，老家那麼大一間，未來如果沒有人住，實在捨不得眼睜睜看它空著、然後慢慢敗壞、從一個家變成一間沒有力量的空屋。因此，我必須讓這個房子有人照顧、有人愛它。我們很快也很幸運的，在售屋網站上找到愛家愛這個房子的好買家。我會說，這麼做才是價值完成。不僅讓老家的房子價值完成——讓爸媽所愛的東西繼續有人愛它，此外，也是要讓爸媽的離開價值完成——讓他們所愛的我們輕鬆自在，無需為此掛心。

捨不得、所以繼續留著，這是一個角度；捨不得、所以儘快為它找個好人家，這也是一個角度。因為愛爸媽，所以繼續保存他們留下來的東西，這是一個角度；因為知道爸媽不僅愛房子卻更愛我們、真心要我們自由，所以做出我們最不感到牽絆的決定，這也是一個角度。

傳統，習俗，與外人眼光的框架，爸媽已經用他們自己的死亡放下一切，此刻的他們，又怎麼還會介意有沒有對年這種事情呢？

目前，新屋主真的把它整理照顧得很好，這樣有一種我們和爸媽也都一起受到照顧的感覺。

他回到了他對自己的愛，回到了他對你全部的愛

愛人的離世，最開始我們都不願意接受，然而，隨著事情真的就是發生了，不僅要接受，還要令它價值完成，這樣才有辦法走出傷痛。而在價值完成裡，就一定涉及能量正在發生轉變的過程。

比如，老家房子從我們的變成別人的，我們透過找到愛家的新屋主，房子易主重新裝潢，它本身的能量也轉化了，展開下一個新階段的價值完成。而我們在決定賣房子的同時，也在「爸媽的放手是他們決定做自己，也是讓我們做自己」這層愛的意義上價值完成，這裡面的能量轉化，是把父母對我們的愛與我們對他們的愛，轉化合成同一個愛——愛我們自己。

說得更詳細一點。例如過去當我說要換舊車買新車時，我媽會罵我「浪費，做人不要迎新棄舊」，那既是她自我意識上無法放手的看法及堅持，而我的自我意識也接收了這些教誨、將它成為自己的一部分，每每花錢購物，總少不了一番心理罪惡感的掙扎。可是，當死亡發生時，死去的人正在放下這輩子的自我意識和一切肉身堅持；那些他活著時放不下的，藉著死亡放手了。不只他自由，他也從此令你

自由了。

一個人活著時所要求於你的，那是因為他也不允許自己做不到，如今他放下了這一世的自我意識，藉著死亡，放下所有他對自己的限制和堅持，回到了他對自己的愛。於此同時，他也回到了對你全部的愛裡，而不再有任何的不允許了。

我們得要學習從價值完成的取向上，去理解或發現每一件事情的意義。

面對與愛分離的困難

就在我們要讓事情進入價值完成時，自我經常會遇到一種「害怕與愛分離」的心理困難。例如前述個案，每當他想要放輕鬆的做自己時，便會感覺失去與爸爸的連結，有失去父愛的焦慮，同時也有一種對不起爸爸的罪惡感。

底下我試著用兩個詞句，和各位來一起面對這一課題：「不再被愛的焦慮」——害怕因此失去對方的愛，因此不再被愛；以及「不再摯愛的人工罪惡感」——害怕因此傷害對方，自認這麼做是不愛對方的行為表現。

一、不再被愛的焦慮

在媽媽走後，沒有媽媽煮飯給我吃了；過去如果在外面遇到不快樂，可以躲回家哭訴、對爸爸亂發一下脾氣。沒有了爸媽之後，我沒有了依賴和亂發脾氣的對象。這些實質或情感上的失落，是一種彷彿不再被某人愛的感覺，因而感覺到活著相對地變得艱辛。

這種自己不再被愛的感覺，說實在的，是一種自我很幼稚的焦慮。

用心去想，從媽爸生病開始到過世之後，我蒙受了很多很多人的幫助跟愛護，只要我有需要總會得到。這種愛不只是收到和看見，它是一種確實蒙受的感覺。心疼媽媽痛的時候，醫護來幫助我們；無法回老家陪伴他們的時候，周圍的遠親近鄰會去照看他們；上班請假無法工作的時候，同事、學生和個案們，全都理解且一點也不讓我感到為難；喪葬過程裡，不善於習俗和儀式的我們，也得到親友及禮儀公司專業體貼的指引和協助。

過去，我不愛與人打交道，卻因為爸媽的生病和離開，我不得不打開自己走進世界裡面求助，而得到了一種人與人之間的互助和互愛。爸爸走後，他的菜園也歸屬成為遠親近鄰的照護範圍，他種的龍眼樹結實累累，表姐夫婦和叔嬸們，連年夏天的時候，都守護著並準備好工具，等著我們回去摘下來吃。那些發不出去的脾氣，在姐弟之間、親近的伴侶朋友之間，竟自然地多了許多彼此擔待。

爸媽的過世，讓我益發體會人與人之間的互愛共生，如此這般實質地存在於我的生活。有一段時間，甚至我感覺是個案們在陪伴支持我一步一步往前，不管預期或不預期的，每每只要我更開放地讓自己流動，就又蒙受更多地被某某人愛。在這樣的循環之中，漸漸灑脫開放地摯愛自己，同時確實感覺到被許多人愛著。而因爸媽不在，多出來的時間、多出來的一點生活費，以及多出來的思念滋味，煮食的能力，心靈的變化，這些全是他們至今持續不止息對我的摯愛。

關於不再被愛的焦慮，即便我爸媽這樣死了，這些後來的得到，都是他們透過離開而給我的愛。

你失落了這個人，但沒有失去那一份愛，甚至如果你願意對這個世界、對所有人開放和信任，也對自己開放和信任、摯愛自己的需要、去請求幫助，你不但沒有失去愛，還會得到更多愛。而你所愛之人對你的摯愛，也永遠都在（這在本書第九章，將會更加明白而有信心）。

二、不再摯愛的人工罪惡感

媽媽剛過世不久，我與二姐有過一次小衝突，她感到我在與她計較而覺得傷心。二姐說，媽媽教我們付出不要要求回報、不要計較。我說，是這樣，但也不是這樣。

媽媽待人總是和善大方，但這樣子的她一直是過度付出了，生命很大一部分也因此自覺苦命。媽媽給我們的影響，一部分是她很愛我們、我們被她不求回報也從不計較地愛著。然而，媽媽給我們的另一部分影響是，她也示範了一個人如何地愛別人、但卻不能愛自己。

我告訴二姐：「如果我們要用媽媽帶給我們的方式去面對事情，請不要忘記自己就是媽媽最愛的人，所以，我們首先一定要把這份愛跟用心拿回來對待自己，再去愛別人。我不是說媽媽教我們的忍讓跟付出不可以，也不是在計較妳做得夠不夠，我只是想要表達愛我自己。」

我們不要因為愛自己而感覺罪惡，雖然我做自己，但我沒有不愛你。

媽媽一方面實際上愛我們、包容我們，但一方面卻因為她總是要求自己，於是也一再告誡我們做人應該要如何如何。而死後的媽媽已回到她自己和愛裡——現在她就只有愛我們。那些為人處世應該要如何如何的期望，她就是放手了。媽媽再也不要我們變成她了。現在，不聽媽媽的話，才是得到媽媽放手要帶給我們的，她最極致的愛。

有部韓劇《我們的藍調時光》，其中有一段故事是這樣的。

一對高中生小情侶，兩個都是單親、跟著爸爸一起生活。兩人的爸爸都在市場裡面做生意，是從年輕開始的麻吉好兄弟，年輕時也說過：將來要讓兩人的小孩結婚、結為親家。只是想不到，小孩在高中三年級的時候真的談了戀愛。小男生和小女生兩人的成績都很好，原本正在準備考大學，但因為小女生懷孕了，兩人決定要生下小孩，他們互相約定：女生繼續讀書、男生先去工作賺錢養家，過幾年等女生完成學業、換她賺錢養家，再讓男生去完成學業。小女生的爸爸很生氣，覺得女兒的未來被你兒子搞壞了；小男生的爸爸也很生氣，說是你女兒勾引我兒子、害我兒子沒辦法順利走他人生的路。兩位家長當然不同意他們結婚，要他們把小孩拿掉，兩位好兄弟也因此鬧翻了。故事中，這對小情侶依然決定要結婚生下小孩。小女生告訴小男生：「我們讓兩個爸爸都失望了。我們背叛了兩個我們最愛的人，所以，我們一定要一起過得很幸福。」這裡，小女生和小男生也是在示範一個價值完成，還有一種能量轉化的形式。

如果讓愛人失望，我們常常都會覺得自己做錯事，因而自責——那是一個看起來像是「我不愛他」的罪惡感，然而，這是一種人工的罪惡感。意思是，這件事情本身並沒有不可以，可是，因為爸爸們與我們都受到社會期待的框架，也帶著未來會因此過不好的內在恐懼，大家才一起活在這個人工的罪惡感裡，所以不敢走出來做自己。

我們過去的經驗裡面，如果這麼做會讓爸爸失望，那麼就會決定：分手吧。這才是大部分人真實生活中最熟悉的劇情：因為我們愛爸爸，所以不要讓他們失望。

可是，劇中小男生和小女生，他們沒有否定自己的相愛，也沒有否定兩個爸爸對他們的愛，他們決定要過得很好很幸福。這是愛自己。更同時，是以此來回報爸爸們的愛，彌補爸爸們的失望。做法是絕不辜負他們現在承受被背叛的心痛，即便眼前看起來是背叛、且面臨著很大的衝突。

透過眼前暫時的背叛或令他失望，實際上，卻正在創造最極致的愛與被愛。其中的價值完成，就是一定要因此過得很幸福。

用價值完成的角度，同時將時間拉長遠（視野變大）來思考，許多事情會從原先「要犧牲自己或犧牲別人？要讓自己痛苦或讓別人失望？」的二元對立問題，整合出一個既愛自己也愛對方的解法，轉化後對彼此都好，反而令事件帶出最大的價值。

一定要記得，你所愛的人最愛的人是你，你所該善待的第一個人絕對是自己，這樣才不辜負他對你的放手，不辜負這一次的分離，也不辜負自己。

●他放手了，把所有的你都還給你

摯愛之人剛離世時，我們會先懸在那邊，有許許多多的心情，是經過了一段或更長的時間慢慢推進，才有機會一點一點去看見，一點一點去面對與轉化。

在愛人死後多年始終過得不好，非常可能是有一個自己，被限制在過去那些跟摯愛之人在一起的時候。

爸媽還在的時候，如果我心中感到被限制，可以找他們算帳說：「你不要管我啦！」或說：「都是你這樣教我的，害我在外面被人佔便宜！」現在不同的是，他們走後，如果我感到被限制了，沒有人可以出氣、沒有人當生活上遇到挫折的靠山，每當無法出這一口氣時，所有心中能量是會更悲傷可憐的。

事實上，過去來自所愛之人對你的期待與限制，隨著他已經不在，如今全都成了你對自己的要求。化不開的不是他活不回來的困難，而是你把自己限制住了。

我們要明白：摯愛之人（特別是父母）離開你，其中一部分至為重要的價值完成就是——他把所有的你都還給你了，就連同他原本無法放手的那部分的你，都接納而給你自由了。

死亡就是這麼大的放手與愛。他把所有的你還給你，所有你過去不符合他期待和要求的事情，他都不再感到失望，你都不需要再去自責、壓抑，或感到罪惡。如果你仍然感覺到限制，是因為不明白這份放手的意義，還沒有找回對自己的摯愛，也不明白如何與你所愛之人真正彼此相愛，並誤以為這樣是愛，所以限制了自己。

我們得去看見這個自己，然後把它認回來。說「認回來」，不代表你就要變成不一樣的人，而是認回來之後，得自己重新決定——現在，我爸媽都不管我了，我想要自己怎麼活？——這是一個重新做決定的自己，才會因此感受得到：我仍活著，因而踏實。

價值完成與能量轉化，就是通過

讓我們再次回到本章開頭的那位個案。

所有自己的情緒，都要有勇氣去通過，理由不只是這些情緒都是自己的，而是「這些情緒都是你自己」。這位個案的情緒都是他的，也都是他，他對爸爸的愛和思念是他，他曾經的憤怒和痛苦也是他。

如果他能進去這些情緒，勇敢的到裡面去看見：在過去自己的確生爸爸的氣，因為他知道自己已經夠努力了，他知道自己沒有像爸爸所說的那樣不好。可是，要承認這些生氣和痛苦時，他既產生不再被爸爸摯愛的焦慮，也感覺到自己不再愛爸爸的人工罪惡感，尤其在死亡之後——爸爸都死了，我怎麼還可以生爸爸的氣？他對自己形成了更大的壓抑。

然而，有沒有可能：就是因為爸爸已經死了，其實他是要讓你把這個自己打開，還給你一個輕鬆自在的自己，這才是爸爸在他正要成年時離開的意義？而在一直以來的憤怒與痛苦底下，實際上，正隱藏著他自己獨特生命品質的力量。

分離與死亡，在宇宙創造與靈魂永生如此廣闊的視野裡，在實相無邊無際無法度量的視野裡，我們看見了事件的本質，有它總是為了價值完成和能量轉化而發生的角度。當我們將自己打這麼開，總是可以發現，原來還有許多我們還不認識的、自己的力量。

分離放手，臨終告別，這過程裡面的價值完成，一定是生者和死者雙方的。比如我的爸媽進入了他們轉世經驗的能量轉化，留下來的我絕對也有一次我得經歷的能量轉化。

因此，請大家記住，你所摯愛的人走了，因此你也在與他活著時的你自己告別，你不會、更不需要，將自己活得跟他在的時候一模一樣。

如果你是一模一樣的繼續活著，意味著並沒有從他的死亡完成後脫出某一個自己的價值完成。比喻來說，大家都畢業往前了，但你一直沒有從小學畢業；而這時的心理狀態，只會更覺得悲傷跟可憐，甚至這種心情，也會是一種很接近被人丟下的孤單感受。因為老師轉職了、同學都走了，我為什麼還留在這個學校畢不了業？是你教我自責批判自己的，現在我這樣生活遇到難題了，你卻一走了之。實際上，這個被拋棄感，並不是他將你拋棄，是你拋棄了自己生命、不令自己往前，因而未去完成另外一段價值體驗。

有學生曾說：他父親雖然離世十幾年了，他還是覺得不能接受。對於死後世界是安詳的部分，學生說自己是釋懷的，困難的是，活下來的他自己始終就是感覺過得不好，十幾年來總是一再想著：如果爸爸不要死有多好。

我遇過更多個案都有相似的情形。父親或母親過世了，所有他留下來的東西都不能動，若有祖產更是不能動，誰先提清理遺物、談分配遺產，誰就是最不孝，成為父母過世後家中最大的罪人。我們讓自己維持在原來的那個狀態，避免自己產生不再被愛的焦慮，以及不再摯愛的人工罪惡感。

你知道自己只是在重複，但可能不明白，你把自己塞在一個已經不適合你的小學校了。這並不是說你的價值沒有完成，而是你已經過度耽溺在舊的價值完成中，限制了自己往前或長大。比如我老家的房子，當初如果一直到現在還維持著爸媽媽在時的樣子，房子沒有人使用一定會越來越荒廢，我們會變得每回去一次就傷心一次，因為更傷心就更不想回去，它就更荒廢。到最後，這個循環不只令爸媽死亡時的價值完成不了，還會變成一個家庭的新困境。

延伸來說，日常裡人與人的關係，也是如此。有時候，假如沒辦法有一個能量轉化，這一段關係就很難讓所謂自發的耐久性維持下去。例如婚姻或伴侶關係，每一段關係的開始，一定有彼此感到吸引的心靈狀態，因此相互做伴，那是「一定要有對方，雙方一起進行這件事情，才有辦法互助互愛完成」的一種價值滋味。

如果，一對伴侶在一起到第七年時，原先相互吸引的理由其實已經完成了，你們不明所以的，總是感覺到關係變冷淡、無聊、衝突了，產生困惑，這時刻，就是到了要去經驗一次能量轉化的新階段。這完全不是意味著就要分手或離婚喔，就如同癌症或其他疾病所啟動的一次能量轉化，也不意味著一定要死亡。因為，當你們能夠一起經驗能量轉化再度心靈共振，很可能一段感情中就有自發的持久性，反而變得越來越好、白頭偕老。只不過，有時候是更大的一次轉型，那真的就是分手或離婚或死亡了，在各自的創造裡維持其生命及靈魂的自發持久。變成不是在這段關係裡繼續完成，而是開啟不同的關係繼續創造，這也是一種可能性。

我與爸媽

我與爸媽的關係，也並非一直都是感覺相愛的。

他們死亡對我帶來至今最重要的轉化，令我回到對生命和關係的摯愛與信任，開玩笑的跟姊姊說過，像是任督二脈被打通了一樣。不過，當他們還在世的時候，其中還有三個比較大的轉折點，一次一次令我內心逐步轉化著。所以，這一世與他們作為親子的這段緣分，算是經歷一波三折才善了。

順著時間說，較早的一次，是我二十歲左右。

從小就常見爸媽吵架。農曆過年對我們家而言，其實壓力還滿大的，為了打掃、拜拜、錢不夠用等等。在年紀很輕的時候，我都想著：只要有一天有錢了，我一定要離開家，尤其是過年的時候，我一定不要跟你們一起過年。

大學三年級的寒假，剛好有一個帶領營隊去金門十四天的機會，期間會跨越整個年假前後，那是我從小到大第一次過年不在家。事前我非常開心，終於擺脫在家過年的壓力了。事實上，在金門時雖然身邊很多人很有趣，然而心情一天比一天落寞，覺得怎麼此刻自己不是和家人在一起。除夕夜打電話回家，當電話一響有人接起來時，我就掉眼淚了。那個眼淚來的時候，自己恍然明白了一件事情：我生命真正渴望的，不是要跟你們分開，我想要的是我們可以好好的在一起。

第二次，發生在我三十歲左右。這個轉折，一併也碰觸到我幼年時期對於自己出生種下的一個信念。

我是家裡的第三個女兒，前面兩個姐姐，下面一個弟弟，小時候曾有一個印象是，大人會說媽媽生我生到哭，一看是女兒，還決定要把我送養出去。記得大概幼稚園的時候，某一天跟媽媽一起逛市場，遇見一個我不認識的女人，媽媽竟對我說：「妳要叫她阿母。」原來，她是差一點會成為我養母的人。於是，印象中在學齡前後，心裡總覺得很可怕，我可能是家裡不要的小孩，會不會哪一天不乖，就被那個要叫她阿母的人帶走。這都只是些「印象」，充其量，可能就連客觀事實都算不上，因為認認真真、老老實實回想起來，爸媽雖然被他們自己的觀念束縛，可是對待四個孩子時，他們真的沒有重男輕女。唯一的事實，就只有我剛好是家裡的第三個女兒，而大人們老是說著一些重男輕女的話語，但在其他行為上並未如此。

如今想起來，真是冤枉，在我三十歲之前，生命因為「我不好，我是家裡不要的」這個課題，大大地被卡關。帶著這樣的信念，我內在就生出一種好強心理：男生做得到的，我都要做得到，無形中想要有好的表現，覺得自己必須有價值。成年後，由於自己未婚，很長期是與爸媽同住，漸漸我讓自己成為爸媽的主要陪伴者。大概到了三十出頭時，我覺得自己內心處在一個不平衡狀態：為什麼都是我在做？那時，也是我快要接觸到賽斯書的一年。

在二姐結婚的前一天，家裡本來很忙、但因為後來忙到一個段落，我跟還在外面的弟弟通電話時就說：「忙得差不多了，你不用趕著回來。」弟弟那天晚上可能因為我這麼講，就安心說那他不回家過夜了。接著我跟大姐通電話時，就打了一個小報告說弟弟沒有要回家睡，導致大姐打電話去向他追究了一番。我跟弟弟於是發生了有史以來從未有過的第一次衝突，他氣沖沖地說我在婊他，就是背地裡陰了他。當下我愣住，覺得自己委屈，我說我沒有這個意思。但這個問題，卻令我沉思了好多天：我真的沒有這個意思嗎？有沒有一個我，真的是婊了他？

在此之前，我的自我從來沒有意識到，自己下意識裡一直意圖著自己有價值、被需要。所以，我超級負責任、認真做事，因而相形的，其實真的是我讓弟弟去站到一個「是你不好」的位置上了。怎麼，難道我過去的人生都在玩這件事嗎？這是一個對自己感到既羞赧又驚嚇、但又讓自己人生突然醒過來的重大看見。此後，我變得開始很有意識的，覺察著自己每一個「我要做」跟「我不要做」的這份內在功課，要與不要，在我裡面的成分到底是：我真的喜歡想做？還是，我覺得做了這件事情才是負責任，做了之後的我比較好、比較有價值？

第三個轉折，在更後來，大概是四十出頭的事情。

總之，我在某個狀態中，明白了自己與爸爸媽媽的轉世關係，他們是在某一世裡，被我丟下的兒子跟女兒。我在那一世裡是個拋夫棄子的女人。原來，這一切的發生，與什麼重男輕女無關，完全無關什麼公平或不公平。在此世，我只是藉由一個重男輕女的故事，才起始了我與爸媽的緣分，理由是，在靈魂上，得先藉由這樣的橋段，好讓自己開始去投入做靈魂想要完成的事。表面上演的是：你們不要我，所以我要做得更好，得到你們的愛。實際上，靈魂要完成的內幕是：有一世我將你們丟下，我問心有愧，要彌補自己過去沒能照顧到你們的虧欠心情。

到此，我不知道是由於前面的兩個轉折，我已經開始有意識面對自己的生命，選擇對自己負責，所以過去的無力感和不平衡，一路已經漸漸在消融了。或者，當關係被放到轉世緣分上去理解的時候，就讓很多事情都可以變得釋懷了。但因為發生的時序是這樣，所以我更願意這麼解釋：正是因為有意識地一步一步做著轉化自己內心的功課，才讓轉世的關係得以像是撥雲見日一般，終於來到面前被自己看見；也是因為一點一滴去平衡自己的不平衡，內心釋懷了，所以有了能令自己釋懷的看見。

另外值得一提的。過去，爸媽還在世時，我們四個孩子都比較認同媽媽的行事作風和規矩。

媽媽是一個認真、嚴謹和細心的人，對人體貼、大方慷慨。爸爸是一個喜歡玩樂、隨意都好的人，待人雖很好，但在金錢上小氣。從小，我常都覺得媽媽很辛苦，倒不是覺得爸爸不對，只是我認同如果變得像爸爸那樣愛玩、隨意，會讓媽媽失望、讓媽媽更辛苦。作為一個孩子，我想盡己所能停息爸媽之間的衝突。或許，一部分也是因為，在華人的文化素養下，我們都比較贊同認真、辛苦和大方，比較否定隨便、輕鬆和小氣，大部分人都比較容易去同理辛苦的人，但這不一定是對的。

總之，在比較認同媽媽特質的同時，我也否定了自己與爸爸相像的那一部分特質。這也是為什麼成年後我與爸爸的關係，常常也是一不注意會互看不順眼、就對他大聲了起來。爸媽過世後，我開始在自己身上看到過去壓抑的我，那是一些與爸爸更為靠近的我，不論是性格特質或情感。

用小孩用語來形容，也可以這麼說。以前我好像比較愛媽媽，現在我好像比較愛爸爸；可是，小孩會擔心：如果愛爸爸是不是就會變得不愛媽媽？我不希望自己不愛媽媽。

過去，我在自己以為不再摯愛媽媽的人工罪惡感裡。如今的我理解這個跟愛與不愛其實無關。在與爸媽分離後這段失落的過程裡，我又從這些看見中轉化，得到了自己生命重新的整合，並且有一種感受，是我和爸爸之間，雖然他已經離開，我們的關係卻仍能轉化。對我來說，這是一種很深的通過。

當我們從價值完成加上能量轉化的角度，來看死亡或分離，會明白原來一切都是為了要進入另外一種存在形式或階段，而必須經歷的過程；它非但不是結束，反而是一次新的開始。只不過，要通往另一個開始時，常常又需要通過原來的自己（舊的自己）所有思想和感受，去找回力量。

面對摯愛的人死亡，不只會看見對這個人的思念跟愛，也會看見過去與他相互怨恨或生氣等負面的感覺。不管是悲傷、愛、恨或憤怒，每一個情緒都是你，每一個情緒裡都會有你活著的力量，勇敢的進去那些情緒，才會看見你的力量在哪裡、你的力量是什麼，然後，把它帶回來給現在的自己，重新整合成一個新的自己。

這種價值完成和能量轉化的法則，概括了我們活著的全部過程，不僅是死亡而已。每當你通過之後，自己會經驗到一個變化，最後你要為自己決定往前的方式，而你會發現：自己是出於歡喜而做這件事情的，不再是出於責任或頭腦認為的「應該」所以去做。

6

完成自己的生命，積極地走向死亡

爸爸與媽媽

在媽死後、爸過世之前，三月中，我第一次在夢中見到媽媽。夢裡，媽媽在我面前，手中拿著一顆蘋果，正在吃。生前她的牙口是無法咬的，我於是讓她先待著，急著要去買牛奶回來打蘋果牛奶給她喝。買好回到家中時，莫名其妙還帶了一條梁山伯與祝英台的小紅毯，以及一雙很長且漂亮的彩色筷子回來。姊姊看了直說：「我們不要這個毯子！」急著把它裝箱打包要我拿去退貨。停在這裡夢醒。當時完全不明白所以然，還以為愛買六合彩的媽媽來指點什麼明牌。

到了爸爸病危，我似乎明白媽媽夢中來看我時，也帶出了爸爸潛意識面臨生死抉擇的訊息。筷子象徵長壽是我從前就知道也在當下已聯想到的。事後才明白的，是小紅毯的圖案，原來意味著爸爸的死亡。

與姐弟們四人，在醫院陪伴他最後要走的時刻中，我感覺到，或彷彿可以說幾乎是看見了，媽媽來接爸爸。爸爸看似不知所以然的，靦腆笑著，在他肉體的後上方，媽媽靠過來在爸爸的更後方也更上方一點的位置，害羞笑著。媽媽慣常一樣的搗著嘴笑說：「真的很愛跟我，叫他不要來，他就是要來。」因而，在爸爸斷氣時，我既非常悲傷，竟突如其來地也明白：天啊，爸，你太瀟灑了吧！媽媽在世的時候你們兩個這樣吵鬧，怎麼你竟然是殉情死的！而媽媽竟也出現來接爸爸了。

因為這一連串的夢見和看見，或者說是感知到，我們在媽媽與爸爸前後離世的悲痛中，內心油然生著一股異常的溫柔和溫暖。始終是這溫柔和溫暖，幫助著我們一次又一次消融了悲傷。更深遠地，同時讓我回看自己有這麼一對吵鬧的父母過往生命經驗，從而對愛、關係與生命，產生深刻的釋懷。

說起來，從以前全家健康快樂玩笑時，就總覺得媽媽會先爸爸一步走。

在他們兩人的關係裡，爸爸一面像是個媽寶，什麼事情都是「媽媽決定」、「媽媽吃什麼我也吃什麼」、「媽媽說好我就好」，奇特的是，以過往所有事蹟客觀看起來，爸爸一面又並不真是那麼聽媽媽的話，反之，我們姐弟一致覺得，他是一個很做自己的人。但「媽媽做主」和「我的整個人生都被你媽控制住」這兩句台詞，是媽媽在世時，爸爸最常說的兩句話。

那年元宵節，回老家煮湯圓的時候，爸爸在我身後收拾垃圾。背對著他，我問：「你都在做些什麼？」他說：「白天會出去一下，晚上就回來。」我說：「嗯，這樣很好啊。」再問他：「媽媽不在了，你有沒有玩得開心一點？」爸爸流了眼淚，說：「沒有。」我說：「她在世的時候你怎麼樣媽就會生氣、罵你，你都覺得她控制你，現在沒有人控制你了，媽媽離開就是要放手讓我們去做自己。你想怎樣過生活、就怎麼去過生活。你去玩啦，要玩更開心一點。」爸爸回說：「嘛是愛有人念，愛有人管。」

在每一個摯愛之人的死亡中，都有著我們得領回來的自身功課。只是，因為兩人在世的情況，令我們料想不到，在媽媽死後，爸爸領回來的生活，會變得那麼艱難。

我以為媽得先離開了，爸爸才能體會到，原來他的人生是他自己的。每當他在訴苦人生都被媽媽控制住的同時，或許就是因此感覺自己是有人用線拉著的風箏，而敢大膽隨意，任性地放風自己。原來，爸爸只是要藉著去說「媽媽做主」，並向人抱怨「我的人生都被妳控制住」，兩者兼具，讓他無比心安，感覺到自己被對方重視而滿足。

媽先走，爸爸獨自活過一百一十三天，這看起來很殘忍，但也是很慈悲的安排。過去媽媽常說「妳爸就像陀螺一樣，整天一直轉一直轉、不知道在忙什麼」，於是也許，最後他需要有一個階段，去沉澱自己的這一世，也為下一個轉世預備。媽先走之後，爸爸才從旋轉陀螺的狀態停了下來。在大部分的時間裡，幾乎就只是靜靜的，或思念媽媽，沉澱他自己。看見了過去生命之所以能安穩自在地旋轉，因為他有一個穩定的軸心，就是媽媽。媽媽幾乎整天在家，爸爸整天到處去轉去玩，看到什麼想買就買回家，丟著之後媽就會處理準備一桌菜，而他就又出去轉，轉回來菜就煮好了，接著吃飯睡覺。

回看爸爸的一生，他其實從未有過與家分離的經驗。小時候鄉下家裡務農，家裡與田裡，日出而作、日落而息。年少北上當兵和就業，喜愛交友的他住到宿舍，也總是就與同袍同修玩成一片，建起一個暫時安穩的停靠站。到二十四歲與媽媽結婚之後，像植物似地在家扎根而生的媽媽，五十年來更是讓爸安安穩穩地，有了從不曾失望的家。

對爸爸來說，媽媽死後，他面對到過去的人生正是他自己要的，連最後邁向死亡的這一步，都是他自己決定的。我向親人們說：爸爸是義無反顧地去找媽媽。

●爸爸的生命，生病及死亡

爸爸的生命有著一直以來的課題，是他自己存在的焦慮。

爺爺家姓謝，奶奶家姓陳，爺爺是入贅進到陳家的外子，爸爸雖是長子，但是跟著爺爺姓謝，叔叔跟著奶奶姓陳。因此，在他們小時候，叔叔得到了更多家中長輩們的重視和照顧，一起住在三合院大宅裡面的人都姓陳，除了爺爺、爸爸和三位姑姑。爸爸要承擔長子的責任，卻沒能承蒙長子應得的肯定和關愛。我會說，爸爸的存在焦慮，來自於他覺得自己是一個奇怪而沒有歸屬的人。不只一次聽爸爸講起他小時候的一件事情，他說：「妳叔叔在吃冰棒，我只能站在旁邊看。妳阿祖就說：『這姓陳的才有啦，你這姓謝的不要過來。』」猜想，爸爸孩子時期的許多單純欲望，是被否定或忽視的。

這樣的成長歷史，他後來很努力，十幾歲時就到北部學黑手做工，後來創業當老闆，在過程中，爸爸還一個一個的，把叔叔姑姑們，還有他那些不管姓陳或姓謝的堂、表弟妹們，先後帶到北部幫忙安頓就業。爸爸努力的動力，或許有很大一部分，是源自他內在不想被否定、被忽視，他想要被看見。直到後來工廠關閉，我們家道中落之後，爸爸在二十年前被診斷過一次很初期的大腸癌，手術切除腫瘤之後，他讓自己由努力的人生中下車，開始了他天真享樂的另一段生命。

而在他與媽兩人無數衝突中，爸爸心情好的時候，也喜歡努力討媽媽開心，而心情不好的時候，就拼命與媽媽作對出氣。爸爸的生命，很大的一部分正是建立在他自己這樣簡單的快感與滿足上。但當他作弄媽媽、跟媽媽作對的時候，媽媽一直有個困惑：這個人到底是愛我還是不愛我？他如果愛我，怎麼又對我這麼不好，時不時就是跟我作對？媽媽因此無法相信爸爸是愛她的，經常處在不被爸爸愛的感覺裡面，甚至還很戲劇化的，幾度懷疑爸爸有外遇。我知道，爸爸只是很愛玩，但他其實戀家愛家、也很膽小，不會亂來，可是媽媽就是懷疑，媽媽越懷疑，爸爸不開心，就越起勁跟媽媽作對。

回想起來，媽媽真是爸爸這一輩子最關注他的人了。

在他們有時相好、更多時候是相鬥的婚姻過程中，從頭到尾，爸爸得到滿滿的「被看見」。以前每次媽媽開始抱怨爸爸，說她有多討厭他，我就問她：「妳那麼討厭他，乾脆就離開他，不要理他好了。」「我覺得妳真的很愛他ㄟ，因為如果我討厭一個人，我就不想知道他的事，但妳對爸爸的行蹤跟一切，都充滿了好奇和關心。我覺得妳真的很愛他。」然後，媽媽就會氣到不想跟我說話。

爸爸在家的最後一天，早上騎車出門去醫院前，餐桌上預備了午餐要吃的東西，看起來是從冰箱拿出來、前幾天沒有吃完的食物，流理台旁也有剩菜的廚餘還沒收拾好，洗衣機裡的衣服也沒來得及曬。

媽對爸的重要性，就像空氣一樣——爸爸是始於呼吸不到、沒有辦法呼吸而衰竭過世的，找不出任何的感染，不明原因的肺炎。媽媽不在之後，爸爸沒有辦法呼吸了。媽媽對爸爸的存在，就像她是他的空氣。

包括我，也許連爸媽自己也是，人們都以為他們是感情不好的夫妻。到最後發現，原來是彼此生命中最重要的人。

媽媽過世之後，爸爸真的變得好像長了靈魂一樣。嚴格來說，爸爸也許只經歷了一百天，因為他在過世前約莫兩週、已經都是昏迷的狀態了。總之，媽媽過世後的時間，爸爸在經歷著他自己的失落。爸爸在經歷著跟媽媽的分離、與媽媽有關的自己的分離，同時也準備著跟我們、與我們有關的自己分離。

媽媽走後的一天，爸爸很難得的叫我回家吃飯，在過去，從來都是媽媽問我要不要回家吃飯的。他自己煮飯，說他把媽媽留下的肉鯽啊魚拿出來煎，我最愛吃的一種小魚。爸爸發現冷凍庫竟然還有一袋肉鯽啊魚，不是他買的，也不是我買的，那肯定是媽媽買來卻沒有機會煎掉的。他就把它煎好，然後叫我回家吃飯。

那天，爸爸講起他幫媽媽拜飯（習俗裡、農曆每月的初一、十五，早、晚要為往生者拜飯），說他想起媽媽跟他結婚的頭幾年，爺爺過世了，我們住在北部郊區，老家在雲林鄉下，那年代交通不方便，但媽媽每個月初一、十五都回鄉下給爺爺拜飯。清晨牽著年幼的大姐、背著還不會走路的二姐去搭客運，爸爸就去工廠做工。到了黃昏拜好，她搭車在夜裡回到台北。

爸爸於是輕輕的向我說：「媽媽有夠好ㄟ……」說著，流了眼淚。這是我從沒有聽他說過的話，也是我從來沒有看過的爸爸樣子，也是我跟爸爸不曾共度過的感性片刻。他哭，我也哭。事後，每想起那一餐飯間的時光，我會感覺到或許爸爸在生命的最後一百天，是沉浸在他對媽媽的思念裡面，而重新去回顧感受到媽媽在他生命中的意義，還有他自己活著的意義。

回想兩個人的關係，在數不盡的衝突之外，其實留下了許多他過去所感受不到的她和他自己。那一刻已在肉體存在之外的媽媽，應該也看著那一餐飯間的他吧。

沉浸，加上無盡的追憶跟思念，爸爸努力做著過去媽媽喜歡的事情，打掃、煮飯、照顧這個家，照顧菜園裡的植物。他另外還做的事情，就是不再給我們有任何的負擔或麻煩。

爸爸的死亡，因此在我們姐弟一致的感受裡，就是很簡單的理由：他要去找媽媽。同時還有的理由是，爸爸也用他最體貼的方式，在生命最後用最極致的愛，愛了我們這一次。他決定和媽媽相隔不久死掉，免去我們父母一個生一個死、要來回在生死兩邊的種種情狀盡孝，許多儀式和事情，他為我們免除為難，或……只做一次就好了。這樣說很不得體，然而無比真實。

而理由前者，實在天真得令人心疼，理由後者，卻現實得令人心疼。這也是爸爸的性格。

我這麼以為，爸爸在生命最後，他沉澱出來的東西，是終於回想起，這輩子是要來跟媽媽相伴相愛的，但怎麼顧著自己想被看見、忙著調皮玩鬧，就忘了呢？於是，我又這麼地相信：這兩個人，他們一定還有一世要作伴的緣分。爸爸因此積極的走向了死亡。

再說爸爸進醫院後，隨病程演變，他身體所經驗遭受的待遇，雖不贅述，但我們事後會開玩笑地說：爸爸幾乎把所有醫院能夠做的醫療處置，一票玩到底了，實在符合他那愛玩的個性。再到臨終、斷氣，當時我們和醫院，雙方因為對爸爸肺炎的原因及處置有不同想法，對峙之下，我們堅持不能放棄爸爸，沒簽署不施行急救同意書，所以陪同爸爸臨終時的醫療陣仗很大，相關會診科別的醫生與護理師加起來十幾位。最後，爸爸就在龐大醫療團隊與我們姐弟和其他親人的陪伴下離開。

爸爸也就是一個這麼愛熱鬧和好大喜功的人。一個這樣的人，他不會低調的死去。爸爸的身後事，我們最初租了殯儀館最大的告別式會場，但當時疫情大起，前所未有的全國第一次封城，於是我們請來專業的攝影播放團隊，爸爸在眾親友之間，非常先進地舉辦了第一次全程錄影直播的線上告別式。

愛媽媽也愛玩愛現的爸爸，通過了不被思念和疫情困住的內外窘境，風光地有了一場光彩的告別。爸爸的最後一步，走得瀟灑而義無反顧，走得高調且熱鬧。跟爸爸最親近的二姐說，爸爸非常滿足。

如同之前說的，媽媽用她自己的死亡方式和時間，充分達成了自己生命的價值完成。爸爸也選擇了他死亡的方式和時間，完成自己的生命，並且積極地走向死亡。

我領回來的功課

從媽爸的相繼死亡，我一次領回來的這份功課，是一些當他們兩人都在世時，我從來沒能用的角度去理解的一些事。是關於瞭解並且學會愛與信任的一堂大課。

過去，我只用作為子女的角度，其實是用了媽媽在世的同樣角度，膚淺的在偽裝實相中，找尋愛與不愛的證據。從媽媽以為的一些不被愛，去質問：你為什麼這麼晚回來？你為什麼跟別人比跟我在一起笑得開心？你為什麼這個東西給他沒給我？你們要吵架為什麼不乾脆離婚算了？等等。

我對關係並不完全信任，也對愛的品質瞭解不夠而會想掌控。

媽媽先走、爸爸再這樣走後，我過去從來無法同意這個男人有多愛這個女人，但卻在他另一半死去之後的歷程裡，我明白了一對感情不好的夫妻，竟透過彼此相鬥來成為彼此生命最重要的人。說起來荒謬，但這就是生命，這就是靈魂的胃口。爸爸最後就這樣走了，讓我震撼，他們真的是梁山伯與祝英台，這是生命中非常巨大的強烈撼動：原來是愛。

所有的不信任，原來是深深的、該被給予的信任和理解。不僅是對人與關係的信任，還是一種對生命的信任。不是表象看到的，是在精神與心靈底蘊的信任和理解。

每天出門玩耍的爸爸，每天都想要回家，從來沒有真正的離開過媽媽。到此，我替他們、也替自己過去以為父母關係不好而曾有過痛苦感受，感到實在委屈。全只是因為爸爸媽媽愛人的方式太不一樣了，而難以信任，因看不懂而無法理解。

到最後，媽媽過世之前，我問她說：「靈骨塔妳要單人的，還是要雙人的——

以後和爸爸放在一起？」當時以為媽媽會說單人，結果媽媽說就買雙人吧。我還再問一次：「啊你們活著的時候都互看兩討厭，死後妳確定還要跟他繼續相看嗎？」媽媽答說：「不然要怎麼辦。」然後就選了雙人。媽媽過世後，她娘家的人來，其中有一位表姐跟媽較親近，問我：「怎麼會給媽媽買雙人的塔位？妳媽同意嗎？」

也許是愛，也說不定只是一種不甘願：「我這輩子在這裡待到最後，一定要給我一個名正言順，就是雙人！」說著我自己也感到莞爾。大家都覺得媽媽的遺願，應該是想要離爸爸越遠越好吧。結果又並非如此。

生命沒有走到最後，不能夠看見這一切的結局是什麼。

媽媽到死都願意跟爸爸在一起，爸爸就算得死也要去找媽媽。

一個被否定忽視的孩子，長大後和一個全心全意關注他的女人在一起；媽媽光是存在，就讓爸爸自己的生命顯得重要且有依靠。而因為媽媽是內心自卑的人，有了爸爸，她可以盡情去罵他不夠好，媽媽也從爸爸的存在與依賴，感覺到自己的價值。這是他們關係相互吸引的本質。

衝突吵架，他們彼此藉著對方的存在，才能得以深刻體驗活著的力量感。這是他們關係中的一部分，並且是極重要成分。爸爸在他靈魂的胃口裡，體驗著這一種情感的強度跟快感，感覺到自己的活著。這是他靈魂或生命的興趣；就這部分而言，爸爸和媽媽是相像的，他們透過相鬥展現或釋放了自己的活力，然後滿足了靈魂的興趣。在沒有了媽媽這樣一個對手之後，曾經一度我感覺到爸爸總找我作對，無奈第一，我也心疼媽媽才走他很辛苦，第二，爸爸終究感覺我是他的女兒而無法放肆攻擊我。沒有任何其他人可以替代媽媽的位置，和他進行一場又一場忘情而有快感的相鬥。

爸爸跟媽媽原來真是靈魂伴侶，彼此吵鬧，正因為這就是他們的生命，是他們要合作完成這一次活著的體驗——體驗這樣品質的相愛。

實相中，那是棋逢對手，你才能與某人對峙。那是此生的靈魂伴侶，也是人與人之間轉世的緣分。

不僅僅是一種依賴、依靠，並且是生命相互需要的合作完成。

過去，我們四姊弟對這份品質無法理解並且過度敏感，因而在手足關係與各自與人的關係中避免著衝突。

憶起住在與工廠相連的樓下老家時，偶爾爸媽會在連續假期把地板反覆幾回擦到晶亮，讓我們短暫的在家裡脫鞋子玩，那樣的日子裡連同來福（家裡的狗）都會洗過澡、一起煞不住腳的在家裡衝來衝去，難得的被允許在客廳的大理石椅子跳上跳下；小孩與狗一起放肆而開心。當時的爸媽很希望讓我們的開心變成日常，於是打造了後來位於「樓上」的老家。想來，爸媽給我們的家，在吵吵鬧鬧中，其中的一個成份，確實是一種被允許放肆的歸屬。

而這些東西，比之無明的你愛不愛我，到底更重要還是更不重要？或是由這些全部成分——包括吵鬧、相鬥、衝突與放肆——組成一段關係時，人要如何能夠信任它們是相輔相成，而令自己感知心安，而不用為關係中的負面感到痛苦、怨懟或自責（像我曾經是的那樣）呢？

媽媽這輩子最大的埋怨和遺憾，大概是覺得爸爸不愛她，不只媽媽，我常也覺得爸爸不愛媽媽，因為他對她的不夠好，經常成了我和爸爸之間最大的衝突。過去，不只因為不理解而責怪了爸爸，我更用了錯誤的角度叫媽媽不要理他，也用了極大努力想要我們可以好好的在一起。

在你活著的時候，如果覺得伴侶不愛你，在你死掉之後，發現他急急忙忙來找你，你的感覺會是什麼？釋懷、開心？會不會有一種 yes 的感覺？還是會有問號的感覺，問他：你來幹嘛？你不愛我、怎麼會要來找我？就算無法信任這是相愛，但至少答案是一個問號，不會再是他不愛你了。

二姐說過：「常想起來，都會覺得爸好像是跟媽一起過世的。」這是一種很奇怪的感覺，但我們都有同樣的感覺。媽媽先走後，爸爸好像還活著，但更像是已經漸漸不在了。人若問我，妳覺得妳爸到底愛不愛妳媽呢？這個問題，我沒有辦法回答，但我確定，爸和媽，他們的確是彼此生命中最重要、最需要的那個人。

也許，故事接下去是：媽媽會覺得很奇怪，「你在人間不好好對待我，我都走了，你這樣在幹嘛？」爸爸說：「因為我上輩子就跟不上，我們還有下輩子。」媽媽說：「我都已經準備好要重新開始了，你來我就不知道怎麼辦了。」爸爸說：「我們一起重新開始吧！」媽媽說：「啊你就是舊的人，我要怎麼跟你重新開始？」所以，我們要喝孟婆湯。想到這裡，覺得一切的一切，死亡跟傳說，實在很有意思。投胎之前你得暫時忘記上一世，以至於能心醉神迷進入一段新的創造，否則如果一直卡著上一世的記憶，它會不會阻礙了你這一次的發展跟一段新的可能性？那麼，如果我因為爸爸媽媽的故事有了這些體會，藉著還在人世，假設遇到一段自覺不被愛或失落的處境，可不可以也沈澱一下，至少變得是帶著問號，給自己強灌一杯孟婆湯，也能在每個當下重新開始創造？

媽爸的相繼離世，我一次失去了這個世界上可以讓我在他們面前最做自己的兩個人。想什麼就說什麼做什麼、完全不需要有顧忌，即使講到衝突時彼此大小聲、彼此不爽，再怎麼樣作對也不會怎麼樣。就算吵得天翻過去了，他們每個週末一定都還是會問我要不要回家吃飯。

我來到他們面前的第一天，就是從赤裸裸開始的。因此我的巨大失落，便是失去這份至大無敵的接納。失落與想念的同時，才發現：比起願意且做到為彼此改變，原來人與人之間最難能可貴的，是能夠彼此打開、彼此接納。而我領回這份自己的功課，也因而對關係、愛與生命，重新理解並更信任。

又到底是理解後而能信任，抑或是信任後而能理解，或許也是互為因果吧。

全部都有意義

再回顧爸爸媽媽死亡的整個歷程，我們家似乎也緊緊跟在這個時代的節奏裡面，去經歷了一連串變故。那年一月份媽媽過世，當時剛好新冠疫情一度小告急，五月份爸爸過世時，疫情大起而全國陷入恐慌。爸媽的死亡，因為許多時序上的關聯，讓我們無法不感覺，它確實與時局及同時代親人的故事，彼此之間的狀況與變化，共時且相扣。

就在爸爸過世第十天，住在我家車庫對門、既是遠親也是近鄰的伯父，因為感染新冠肺炎，送醫後通報確診的當天，死亡了。

伯父是爸爸的遠房表哥，從小一起長大，也是村子裡最早和爸爸一起到北部學黑手做工的人。他們最開始在同一家工廠當學徒，接著兩個人一起在當時的台北縣（現在的新北市），合買了第一間自己的房子，我們家抽籤抽到住一樓，伯父家抽到住二樓。伯父伯母的四個小孩年齡，也一一相近對應著我們家四姐弟；爸爸跟伯父分別開了小工廠、各自當起老闆，做同一行業。後來，我們從第一個家搬到第二個比較大的家，伯父一家也同時搬來住我們家對面。媽媽與伯母兩人，則是市場街坊鄰居口中「看到她就會看到她」的阿娥（媽媽的名字）與阿腰（伯母的名字）。媽媽告別式的時候，會場上伯母悲痛傷心的樣子，我想我永遠也不會忘記。

那時候，全國疫情剛從一天幾個、十幾個，迅速地變成幾十個到上百人確診；每天下午兩點，人們緊緊關注著疫情指揮中心報告每日確診與死亡人數，還有最新的疫調結果。疫情，就這麼生生地，在我們家這個巷弄轉角，成為疫情熱區中的熱區。伯父過世當天，我們還沒有人意識到新冠病毒已然來到自己身邊。

那一天，原本早上回老家拿東西，伯母見我停車還出門走過來安慰我說：「恁老爸他自己現在大概也還茫茫渺渺吧，可憐你們幾個孩子艱苦啊……」說著抱了我一下。當時，我只知道伯父好像生病了，就在隔天回家的時候，也是近鄰的表姐，告訴我伯父昨天過世了。同在這一天夜裡，救護車來了四趟，伯母全家陸續都被救護車載走。之後的幾天，疫情封阻了人與人的聯繫，爸爸的後事要忙，我因為和確診者接觸而進行著居家隔離（當時沒有快篩劑這種東西）。直到爸爸告別式完成後，我們才知道當時伯母一家大人小孩分住到三個醫院，而伯母在沒幾天之後，竟也過世了。

而一路與爸媽及我們全家生活緊密關連的表姐與表姐夫，都確診了。慶幸的是，表姊症狀輕微，表姊夫住院之後順利出院，而伯母家的其他人也都康復出院。

每當想起這一段時日老家的這個巷弄轉角，情景實在太令人恐慌，也太令人感到心疼。生命怎麼走到這一步的？世界又是怎麼變成這樣的？伯父確診當天死亡，當天直接由衛生單位完成了火化程序，而伯母過世的時點上，她的家人全都在隔離治療中，甚至也不知情。

伯父與伯母這樣的狀況，沒有所謂臨終，沒有機會告別，來不及哀悼，後事也無法辦。這實在令我在媽爸過世之後，有再被重重一擊的感覺，而這衝擊，一度也讓當時的我，忘記了自己的爸爸才剛過世，忘記了我的悲傷。

我家車庫在爸爸的菜園旁邊，平日沒人回去停車，就是一個開放的空間，鄰居們——包括伯母一家與爸爸媽媽，大家經常幾個或一群人，或蹲或站或坐的，就在那裡聊天納涼。爸媽死亡與這場疫情下伯父伯母的死亡，之後大家都不敢靠近這戶人家與這個空間。那是一種人們對死亡害怕的晦氣連結，感覺到有些解釋不清楚的什麼事正在發生，因而恐懼。我們家有人死了、又死了一個，再來是跟我們很靠近的伯父伯母接著死了。一個過去大家聊天納涼的地方，變成了大家很害怕的地方。到七月我們再回去老家時，車庫都長了大大長長的蜘蛛網，爸爸菜園裡的雜草長得超過我半身高。我想要把它打掃乾淨再讓人來坐，表姊夫說：「不用掃啦，沒人要來了啊。」

我想告訴他們：看似相連的死去，不是因為疫情的殺傷力，也不是因為死亡的晦氣，是這幾個死去的人們，他們靈魂上的相約共伴。我心疼身邊與巷弄裡每一個恐慌的人，人們不明白在疾病、病毒和晦氣底下，一切的發生都是有意義的，是再真實不過的個別且獨特的生命安排。

在那前後的一年，老家巷弄裡有七個人離世。媽媽是第四個走的人，爸爸與伯父伯母是五六七。這四五六七兩對夫妻，他們可是從年輕開始超過了五、六十年的同伴。

爸跟著媽走了，然後性格簡單又乾脆的伯父伯母這對夫妻也走了。「因為我們是一起來的嘛」，那是靈魂們的相約，不單是爸爸決定要走，他們也是自己決定要一起走的。

至於伯父與伯母選擇這樣離開的更多其他理由，那是關於他們自己與家人之間的另一些故事。然而，假設爸爸真的沒有從那個像感冒而開始生病的過程死去，會不會他也是在那一波疫情中確診死去？畢竟我們兩家如此的靠近。那再假設，爸爸萬一是確診死掉就被送去火化（而不是如前面所述瀟灑光彩的告別此生），光是想像，就感覺那過程該有多麼淒涼、而在那處境的我們又會有多麼悲痛（不過，愛湊熱鬧的爸爸，真的也是死於肺炎）。跟爸爸最親近的二姐說：「不會有那個版本，我們家的實相沒有那個可能。」不可能不是因為它不會發生，是因為，它完全不符合爸爸與我們全家人一直以來所創造的實相。

再者，家族近親裡面，爸爸是他平輩之間的大哥，媽媽則是與手足年齡相差很多的老么，因此和晚輩們像是平輩一般地、成為了大姐頭。我們家成為家族近親中，在北部買了家、落地生根的第一個家庭。我的好幾個叔叔姑姑們、表哥表姐們，爸媽兩人不只在他們心中象徵著開創與照顧的力量，實質上我家更是他們每個人北上打拼生涯暫時落腳的第一站。每當我感嘆爸媽實在走得太早時，也許，是勇於開創又善於照顧人的這兩人，這回一樣的，率先去了另一個層面，又先弄好了一個轉運站，然後陸陸續續接待他們的弟弟妹妹姪子姪女，未來還有我們幾個孩子。

總之，走得早，就是也有它的意義。

全部，都有意義。

7

臨終準備是一輩子的功課，告別重生是要一次又一次

本書從頭至此，當我這麼細膩地講著爸爸與媽媽的死亡時，讀者們是否感受到：為了要接受他們的死亡，我一面用了很多力氣去了解他們的生命，也一面用了很多力氣去了解死亡與生命本身，同時用了很多時間回頭來重新整理自己。然後，坦然接受他們的死亡。因為明白他們的活過確實是價值完成，也了解他們有透過死亡所要完成的價值，而他們死亡所帶來的價值完成，也正一點一點的都在進行；我與家人們確實從中轉化出新的自己，並且越過越好。

因此，要與讀者們分享的一個深刻體會是：臨終準備是一輩子的功課，告別重生是要一次又一次。而所有頭腦以為知道的事情，原來需要理解、理解，再理解。

作為一個覺受的品嚐者，我們透過不斷地與原來的自己及境況分離，得以品嚐過一個又一個形式的存在體驗，於是活出了自身的獨特性。正因為就是覺受的品嚐者，我們不要去否定一個人或自己的感覺，也不要去否定任何一個情況的發生；而又因為，對於生與死，有了開始之前「神聖的靈感」、結束之時「神聖的困惑」的認識，也明白了價值完成與能量轉化，才能讓靈魂及生命自發的耐久延續，並且知道自己天生具有神聖的繁複性，分離隨之而來會是神聖的驚奇，我們可以帶著更多的信任，去品嚐生命的種種變化。

透過生死兩別的過程，死者投入了另一個存在的形式——不論是投射入另一個層面或再投入另一次轉世，他沒有離開更不是消失；而生者也將會整合與死去這個人的關聯、進行一次創造性的內在能量轉化，進入此後的另一段生命。我們對於兩者也都必須信任，信任死者的安詳，生者則要對自己生命有如同「明知之光」與「愛的氣場」的信任，進行轉化新生。

理解、理解，再理解

還無法釋懷的時候，不會知道自己處在什麼樣的狀態：我是悲傷嗎？其實不是悲傷？我現在到底是什麼感覺？我要做什麼？前面講過的一句話是：不要去否定自己或每個人的每一個感覺，不要去否定任何發生在自身的狀況——那麼，假設現在的你就是什麼都搞不清楚，請就先接受這個搞不清楚狀況的自己。讓我們停在這個搞不清楚的感覺裡面，再待一些時間，讓這裡面的自己慢慢全部都去流動。

所謂流動，是讓你的想法和感受自發的冒出來。可能會有第一個念頭、第二個念頭，接著第三個念頭，又跳回第一個念頭……例如：你突然想到什麼事情，就很悲傷，由那個很悲傷的感覺，你就哭了；哭一哭之後，你又覺得其實也還好，不然去吃個什麼好了，東西吃著吃著，突然你又哭了。這會是一段莫名其妙，哭著哭著又笑了，笑著笑著又哭了，總是又哭又笑的歷程。一旦你讓自己流動了，每一個流動，都會讓內心越來越輕盈，也越來越清澈。在每一個當下感知此時此地的自己，悲傷就一次一次的，在每一個當下被重新消化，變成了不一樣的東西。

所有你不知道的，都不一定要有答案。人性有時會有一種執著，好像一定得知道答案了，才願意往前走。可是，生到死本身就是一段解謎的歷程，生命是你得要往前走，才會知道答案，或只要你往前了，就會看見答案。這也是一種對活著的信心和信任。而現在唯一能做的事情，就是活在當下。

又如果，這個當下你真的沒事可做，不知道要做什麼，什麼都不想要做，我還可以給你幾個建議。

一、**就繼續在腦袋裡面任性隨意的胡思亂想。**

二、**去「探索」你很愛又離開你的「這個人」，有意識地朝此目的去想：**

試著由了解一個人全部的生命故事，再來接受他的死亡。

不過，在重新認識一個人的時候，你得做一個暫時性「把自己放下來」的動作，如此一來，你才會站在他的立場和角度，真正的知道他為什麼要死。

比如我之前說的故事那樣，你才有可能真正接受他的離開。當要接受爸爸為什麼要死，我一定得從他的角度和位置去理解他的死，才可以看到一個人死亡的全貌。如果從自己的角度，想要理解別人的死亡，一定是受限的，因為活著的我們只想他不要死，而看不到他可以死（而且就是要去）的角度。比如我理解原來爸爸是做了此生最重大的決定要去找媽媽，而我愛他，當然要放手讓他們去的。

故事反覆一段又一段的說著，如果是用在心理治療裡，我一定每一段停下來就會先問個案：聽了這段故事，現在的你是什麼感覺？原來那個悲傷的感覺，它現在感覺起來如何？

通常我得到的答案會是：不知道，但是，好像有一種比較鬆了的感覺，好像沒有那麼悲傷了。

所以，不用否定悲傷，也不需要解決你悲傷的感覺，一邊讓自己待在悲傷裡面，我們一邊則再次把鏡頭打開到最大，去理解所愛之人的死亡，一旦發現看見他是積極地完成他的生命與死亡，那麼，原來的悲傷就會好像沒有那麼悲傷了。

三、**開始整理遺物**。

與心靈上的往前與轉化，相較來說，物品與物質的整理和改變，在這時候會稍微簡單一點。並且，往往在整理與清理物品的同時，心靈的狀態也會隨之發生變化。

我重新認識一次媽爸

媽告別式之後，很快的大概才兩、三天，我就把她的東西整理好了。一方面，想快一點讓爸爸的房間有新的安頓，另一方面，是媽媽「個人的」東西真的很少。

最開始也最為悲傷的，是她後期因為排便問題，在幾個常用的外出包包裡都是全套的衛生紙、濕紙巾、紙褲及外褲。還有唯一一次化療造成的掉髮後，二姐為她準備的假髮，還有一袋又一袋的藥袋。我心疼萬分，但爽快丟掉全部物品，內心知道她再也不需要這些了，與媽媽一起告別她的病痛與辛苦。

媽媽收藏自己物品的櫃子和抽屜裡，大部分的，竟然也都是對我們來說充滿回憶和情感的物品。我們小時候睡的枕頭套，四姊弟從小到大的學校制服，我們送她的首飾物品，一些老相片和舊證件。媽媽的收藏品，是她對我們的愛，竟然就是如此單純。

此外，跟隨家的搬遷整理、幾十年來始終被媽媽自己保存著的，屬於（屬於兩個字要劃重點）她自己的兩樣東西：其一，是她四十年前上夜間媽媽教室時期的書包、課本和作業簿，那時，不識字而很想識字的媽媽，犧牲每晚的楊麗花歌仔戲，開心上學去。其二，是媽媽的整套理髮工具，在和爸爸相親之前，她曾經先到台中學做頭髮，婚後也短暫地經營過美容院及家庭理髮；我高中之前，頭髮從來都是媽媽剪的，只是每次剪髮的收場，都是我為了被剪太短而和她嘔氣。這兩樣東西，看著看著，會通往她可能的自己。內心不禁為媽媽欣喜：妳現在可以重新開始了。時隔兩年多正在撰寫本書的此時，我真的好好奇：嘿，現在的妳是什麼樣子，未來的妳是什麼樣子？

爸爸過世，整理完爸爸的東西、開始整理老家的時候，我才又感覺：原來媽媽的東西這麼多，只不過她的東西都是全家人的，就是無數的鍋碗瓢盆、棉被、毛巾、孫子們每一個成長時期的鞋衣用品和玩具，無數這種歸屬於全家人的東西，但全部都是媽媽的東西。

原來，媽媽真心喜歡為我們而活，媽媽真是為我們而活而歡喜。

整理過程的這個發現，我再一次痛哭流涕。過去因為心疼她的辛苦，老是叫她這個不要做、那個不要做，我總希望媽媽能為自己而活；並也一直覺得且認為，人應該要為自己而活。如果為我們而活，就是媽媽活著的意義，她靈魂這輩子就是打算來完成這件事情（如同媽媽是爸爸活著的意義和這輩子的完成），怎麼我竟然會以為自己叫她改變是為她好？我好深好痛的發現到，原來人沒有一定要為自己而活。我心疼她而希望她開心，但我只看到了那個很辛苦的她，卻沒有看見辛苦底下她為自己感到滿足。可能過去，我一部分的心疼，其實是自己做不到她所做一切的罪惡感，才在心理代償成為希望她不要辛苦。原來，人真的沒有一定會或一定要活成什麼樣子，那都是自己靈魂要的樣子。雖然那是一場痛哭流涕的發現，但當我這麼看見和想著以後，人生似乎輕鬆了，也從事後對媽媽的歉疚中，想到就提醒自己一次：每個人都用自己的方式在完成他的生命。

與媽媽相較，我與爸爸其實沒有那麼的親密，跟媽無話不談，但跟爸不只比較沒有話聊，還有一部分是衝突的。可是，在整理爸爸的遺物時，重新發現了不少我不認識的爸爸。

比如過去老是覺得爸爸不愛乾淨，跟媽媽比起來啦。然而，爸爸竟然是一個會隨身帶手帕的人，而且他的手帕一條一條、四四方方摺得好好疊在一起，心想：天啊爸，過去我實在太誤會你了。其實爸爸有他自己的衛生邏輯，可是他的邏輯跟我太不一樣，就比如說，手帕都摺得好好的、襪子也都一球一球好好的，可是手帕跟襪子放在一個抽屜緊緊相依偎，我還是無法接受。但原來，爸爸的本質一定是愛乾淨的。

爸爸有好多好多的小筆記，每年一本的行事曆手記，許多本內容重複的親友聯絡本，裡面還記著親近的人的生日、結婚日期等等重大日子。過去我常常覺得爸爸對很多事情都心不在焉、記不住，原來他可是這麼用心的想要記住。才發現爸跟媽之間的相同和差異處，他們其實在乎的事情一樣，但有完全不一樣的做法。媽媽把任何事都放在心上，記在腦裡，所以她的東西真的很少；而爸爸看似什麼東西都不放在心上、不記在腦裡，他卻用了很多很多的筆記本放在身邊，客廳、佛堂、房間、樓下車庫、機車置物箱、包包……每個地方都有，準備隨身汲取想記得的事情。不過，爸爸的忘性總之遠遠大過於記性，導致每個地方常常還都放了不只一份。

我們從小寫的卡片、照片、獎狀，他都留著。還有弟弟參加全國科學展覽比賽獲得第二名的報紙，舉凡一些他重視喜歡的剪報和照片，他不僅留著，還影印、加洗了不同尺寸無數份（應該當時也已經分送出去更多份）。爸爸不只在意，他是真的好想要、好喜歡被看見。其中，一張復刻的黑白照片，是在某一次吵架後被媽媽撕裂的結婚紀念照，不曉得事後是媽媽或爸爸哪個人用膠帶從背後再黏起來，但爸爸拿去相館復刻了，一樣是不同尺寸的好幾份。

爸爸還喜歡旅遊，每一次旅遊景點的車票、門票和DM，一袋一袋收好好的放抽屜，更多的是照片，好幾千張吧！為了執行垃圾分類，也為了選擇想留下來和丟掉的，我瀏覽了爸爸不為我所知他的一生、他的足跡和他的朋友們。因為爸爸那麼自在做他自己，過去雖然放心也不為他操心，但我內心始終也有太少陪伴他的自責，一邊篩選照片，一邊在內心謝謝照片中那些不認識的人們，謝謝他們陪過我的爸爸。原來，爸爸一生真是過得豐富滿足。原本為爸爸生命最後的孤單感到心疼和心痛，也似乎在這時被鬆開了。

關於爸爸的遺物，還有更多不及在此寫下的細目。但那麼多的東西，最後我只留下了一個喜餅禮盒那樣大的紙盒。媽媽的也是一盒。

整理的過程，能量不停地在種種感受中流動，每看到一個東西，所有的感覺和想法都湧來了，湧上來後再沈澱，等到一個自己怎麼看待這個物品的心情浮出來，再把它清理掉。我謝謝自己個性的龜毛跟對垃圾分類的執著，讓我細細地走完這個歷程。在整理爸爸媽媽遺物的那些短暫時光裡，我感到很療癒。

在摯愛的人離開之後，我鼓勵大家可以好好去整理和清理他的遺物，越是感到難以從悲傷走出來的人，越適合去做這件事情，因為這是一個能令自己踏實的自我療癒歷程。

整理遺物，目的是一種儀式上的完成，而不是一定要把這些東西做什麼確實的處理和清理。整理的過程中，透過物品，給自己帶來種種與你所愛之人關聯的感受，每一件物品，你都會重新遇見在它底下的意義跟故事，想像它對你失去的那個人的意義是什麼，也去想起它曾經在何時對你有過什麼意義。

整理的同時，懷想他的過去、你跟他一起度過的時光。你在過程中一定會碰到許多悲傷，因為所有過去的時光全都被你看見了；但是除了悲傷，你一定還有許多其他的感受，藉著這些物品，讓這些情感都有了機會出來、讓自己看見。看見了，你才有辦法整理它。

清理的時候，也是再一次的告別，是儀式上的與這個人告別，也是讓心靈再次與和他在一起過的自己告別。你願意留下來什麼，又決定告別什麼？透過整理的過程，就好像是讓許多的記憶和感受，如同用網子篩著、用水流沖洗過般，篩剩下來的，都是最珍貴的，它們會在此後成為支持自己的力量。而決定清理掉的那些物品，不僅投入了它下一個階段的價值完成，你也會在告別那些物品之後，迎來生活和生命新的變化。

四、回來探索並整理自己。

經過了有意識地去想他，以及整理遺物而再次認識他，最後，請你重新做一個「把自己拿起來」的動作，完全站回自己的立場和角度，來認識和陪伴自己。面對自己的死亡恐懼與存在焦慮，學習活在當下，不為所有的過去感到自責和懊悔。這個最後的建議，尤其不簡單。往下會用完整的一個篇章來說。

爲生與死亡，編劇與掌鏡

現在，對於摯愛之人的死亡與臨終過程，以及其死後世界，我們知道即使在物質實相看上去的傷痛中，也都是他生命完成的一部分。不過，對於活著的我們，還如何可以比知道再更多一點釋懷或信任？

暫時先丟出兩個問題，讓讀者們當作學習生死大課的中場小遊戲，用心激盪一下。

遊戲

首先，如果在經歷失落的時候，你確實感覺到不幸，請承認你的不幸。不要害怕承認。我的確也感覺到不幸過。在我媽過世之後，我很快地整理遺物、調整心情，恢復日子的正常運作。一方面，是想趕快安頓爸爸的生活環境；但另一方面，是我害怕去承認自己的一些感覺。因為我好像都懂，然後我又是心理師，自以為必須可以，想讓家人們都覺得他們也可以。我也自以為是家人們的心靈支柱，那麼，如果我感到不幸、感覺可憐，我們一家人接下來要如何面對這個過程？直到我和爸爸一起吃飯、直到爸爸開始生病，我當時痛哭著告訴朋友們：我真的覺得我媽走了、我們被丟下來好可憐喔；爸爸好可憐、我也好可憐。事發當下我沒有辦法去承認那個可憐，我沒有辦法去跟爸爸一起抱著哭，這是令我感到遺憾的一點。

所以，如果你確實感覺到不幸，就請你承認它。因為所有這些，都是你的真實感覺。你可以難過，你也一定會難過，但希望你不要只是難過，不要只有難過。先給自己沖一杯熱茶，試著用像是玩一個沒有標準答案的機智問答遊戲般的心情，問自己：

現在，你感覺難過跟不幸的時候，你願意做什麼，使自己這個人感覺到幸福？你願意做什麼，使你遠在天邊、已經不在身邊的那位你摯愛的人，如果他知道了也會因你這麼做而感到幸福的事情？

這是第一個問題。

故事看到這邊，如果我們可以開始稍稍輕淡而不沈重的、去用「分離」來講一個死亡，是否可以更淡出來一點點，試著把一切的發生，在想像中玩一次沙盤推演的小遊戲。暫時試試看，把死亡或生死當成像沙盤遊戲裡的一樣小東西，去推演它：

現在，如果生命就是一個沙盤遊戲裡的小東西，你可以推演它的每個位置、環節和時間，推演它就好比你真的就是自己生命的編劇跟導演，你現在可以遊戲般的，去推演你所愛之人的生死。遊戲唯一的規則是：他一定會（要）死。又如果你在想的是自己的生死，你正在面對和經歷自己的死亡恐懼，一樣不能改變的遊戲規則是你一定會死，那麼，你打算如何編劇跟掌鏡，來推演你心中有關自己的生死故事？

這是第二個問題。

● 編劇與掌鏡

藉由前面兩個小遊戲，要講的是兩件事：一件是編劇的事情，一件是掌握鏡頭角度和視野範圍導演的事情。而我們，既是自己生命的編劇，也是自己生命的導演。

例如，講到我的媽媽為什麼會死？唯一的規則就是我媽媽一定會死。我在時間軸上找著可能的分岔點，推演了許多不同的可能性，結果發現，原來媽媽為自己決定的死亡方式和時間，還是最適合她自己，也適合我們活著的家人。

本來希望得到解答的問題是：「我媽為什麼會死？她為什麼要現在死？她為什麼會這樣死？」在回答問題時，卻要反問自己：好，如果不要她現在死、不要她這樣死，那麼，你要這個人什麼時候死，怎麼個死法，你才覺得合情合理、才覺得心甘情願？

這兩個無聊的小遊戲，卻是人生很重要的大遊戲。

此時此刻，當我講及爸爸媽媽的死亡，如果我可以重新沙盤推演他們的死亡，實話實說，我覺得：好像，就這樣吧。一定不會拍手叫好說爸媽死得真好，但如果要去編劇跟導演，好像就這樣吧。這是一個關於生死解謎之後的真實體會。原先問的問題是「為什麼？我不要」，在找尋答案的過程中，為了要得到答案，我得不斷地去發現線索跟訊息，不僅僅從主角的生命之內去找他何以決定離開的事實線索，更把鏡頭放大拉出到主角生命之外，去找「死亡是什麼，生命是什麼」的真正訊息。就在這個不斷反覆探索、一步一步的解謎之路上，我來到了一個位置，原來答案就在謎題裡面，一切清晰了。那就這樣吧。

因此我要說：臨終準備是一輩子的事情，告別重生是要一次又一次；而整個臨終告別跟往前，所有得做與能做的，是不斷的理解、理解，再理解。

有同學問我，你怎麼知道你看見的是事實、是全貌？難道那不是你自己編的嗎？親愛的各位，不要忘了，我們現在正在玩的這個遊戲，是一個沒有標準答案的機智問答，而你也就是你手中沙盤的編劇跟導演，你愛怎麼推演就怎麼推演。你的活著，本來就是你的角度和詮釋，唯一的遊戲規則是，每一回一定得死了，遊戲才可以一次又一次的重新再玩。遊戲的目的，是希望你玩得心甘情願，藉此活得安適自在。最重要的是，你確實因此感覺到活著。

8

死亡恐懼與存在焦慮

從承認與面對，消融恐懼和焦慮

花絮，避也避不掉的

有一段我叫它做「花絮」的經驗，因為不知道要把它放在爸爸媽媽故事中的哪一個段落，然而這個花絮，對我來說，又是在認識與接受死亡這場人生大戲中，必需記錄一下的彩蛋。

媽媽過世時，家人們一起討論要將靈堂設置在哪裡。我先提議家樓下的車庫空間可以使用，出發點之一，是當時實在太多太多的不捨和悲傷，希望媽媽可以回家，把媽媽放在外面就是心疼和不捨。第二個出發點，念及媽媽過去在街頭巷尾人稱「一一〇巷的阿姑」。

早期和我家關係密切親近的表姐，就在巷弄轉角處開了一家柑賣店（台語），門口也同時賣早餐。後期便利商店興起，雜貨店收了起來，門口同一位置、表姐和姐夫改做小麵攤。媽媽常常坐在店頭與表姐聊天也是作伴，不管是柑賣店或後來的麵店。表姐是舅舅的女兒，喊媽媽阿姑，於是漸漸在短短小小的巷頭巷尾，熱衷活躍鄰里之事的爸媽，媽媽成了百一巷大家叫喊的阿姑，爸爸則是百一巷的姑丈。

媽媽過世當時，總也覺得她的離世，對街坊鄰居的生活一樣帶來了很大的衝擊，大家對媽媽都有很多捨不得。我想如果把靈堂設在車庫，會不會我們可以和大家一起經歷這段告別的過程，讓事情變得更溫暖。跟家人討論之後，一來，時代不一樣了，儀式中有法會等等事情，來來去去會影響鄰里日常作息的安寧感，二來，事實上死亡對多數人來講，還是一件很可怕的事情，把靈堂設在巷裡，不止影響更是驚擾或驚嚇到街坊鄰居。我們於是決定讓媽媽安置在殯儀館附近的會館。事後，我覺得這是一個重要也做得很好的決定。

坦白地說，在媽媽過世之前，我們都覺得死亡是另外一國，也不想靠近死亡那一國，即便說自己學習了賽斯思想、知道靈魂永生、讀過了許多跟生死有關的書。我仍與家人們一樣的，還是把死亡放在另外那一國而不想靠近。

然而從媽媽過世開始，因自己最親愛的人到了那一國去，突然死亡變得對我們不一樣了。那不再是另外一個陌生令人害怕而想遠離的國度，那是媽媽現在所在的地方，是我們好想要認識了解——甚至、懷抱著自己終有一天也要去那裡找她——

的地方。我與我全部的家人，因為與媽媽的深深連結，彷彿也開始一腳跨進了死亡的國界，對我們而言，活著跟死亡都是我家人在的地方，變成是同一國的了。

路過別人家的喪事會場，從小我的經驗是，大人會說：不要看。然後很忌諱，甚至有時附近有人家擺設靈堂，放學回家路途還會繞大圈刻意避開。可是，現在我們繞不過去了，因為死亡就在我們自己家裡面，我們把自己變成跟死亡是一國的。

靈堂的位置，就在台北市的民權東路上，那一帶有許多這樣的會館。我們選擇的環境很好，遇到從事往生事業的服務人員也很好，專業並貼心，特別的是——他們不悲傷。

十天在會館守靈期間的環境和經歷，對我而言，實在很特別。有些事情只是在那邊經歷過了，事情在心中的位置，自然而然也就被轉化了。

習俗上，新亡者不論是肉體和象徵靈體的牌位，以及日後的骨灰，當在物質層面移動時，都需要引魂。在會館周邊，對面就是殯儀館，我每天進出移動，常常會遇到別人家要引送亡者進入會館安置的隊伍，從會館也有人家牽引亡者去法會儀式場地、最後要到殯儀館等等的引魂隊伍。

在會館的第一天，我下意識地低頭或避道走開，像過去無數次經過喪家時一樣感到避諱；此外，也是多了自以為的，對喪家的尊重及體貼，避免干擾或冒犯。然而，到第二天、第三天，只要一走出會館，就有引魂隊伍。當其時，發現也明白的是：我避也避不掉，就像媽媽已經死了的事實一樣。引魂隊伍就是在那邊，就像死亡對我而言一樣，它就是在那邊，並且，它還到處都是。如今我媽媽也是這樣，我們就跟大家在一起吧。

我們遇到的會館工作人員以及禮儀師，這些人則令我感到，他們內心對於生死、一定有一種很慈悲的態度。他們提供服務，用著一種「很輕但很溫暖的了解」態度靠近我們。同時或許司空見慣了死亡，他們處理事務的態度熟悉而親切自然。所以，也是他們溫柔又自然的，引導我們直面一切後事。

這一段花絮，讓當時由媽媽死亡的巨大撞擊，最初自己不得不從原本所謂生命即活著的非理性忌諱狀態，要跨進死亡那一國的時候，徹底的融入了死亡，猶如死亡也是日常生活的一部分，在這個引魂隊伍來來去去的民權東路上。

假如當初我們將靈堂設在家裡，鄰里大家全都是正常活著，只有我們一家遭遇死亡，必然顯得特別與眾不同。然而，在會館的時候，我們家的遭遇死亡，是一件稀鬆平常再自然不過的事情，所有周遭的人們，無一不在經歷同樣的事情。

可能這是人性吧，看到大家都一樣的時候，會自然的釋懷許多，而如果只有自己一個人如此，總無來由感覺為什麼是我，因而覺得自己很可憐。不僅自己會覺得，假如當初靈堂設置在家，周遭鄰人投射給我們的眼光必然也是避諱和同情吧，而在會館的經歷，沒有這些。

媽媽死了，但原來，我們其實是在經驗生命中自然平常的一件事情。這樣的感受，是在會館期間才這麼強烈帶來的。我們當時第一步的選擇，也幫助我跟家人們在一腳跨進死亡那一國時，變得相對輕鬆跟容易。

不管各位開始翻閱此書的出發點，是因對摯愛之人死亡感到的悲傷，想要得到化解，或是因為自己生命目前遇到的某些困境，而想尋找解答；事實上，認識死亡最大的收穫，確實是能夠令自己活好。假設，把「出生」看作一個開始，「死亡」作為一個結束（雖然它並不是開始、也不是結束，因為在開始之前和結束之後，也都有生命），那麼，擺放在生、死兩者之間的「活」，或許才是我們學習與了解一切的根本旨趣。

但要將對生死的了解落實到「活」，有時候，我們會遇到一些困難；總結來說那些困難，就是「死亡恐懼」與「存在焦慮」兩件事情。前者對於死亡感覺到無名的害怕，後者對於活著感到無名的徬徨不安。

說是兩件事情，其實，它們又是一體兩面：不知道為什麼而活著，生命到底從哪裡來、該到哪裡去？最後又不知道為什麼一定會死，死後又是去了哪裡？因為生命有限，感覺到像是被逼迫催促又徬徨的動力，不斷要去努力抓住什麼來使自己安心。只不過，死亡恐懼，讓人想抓住的努力是擺脫死亡；存在焦慮，讓人想抓住的努力則是不分青紅皂白每一件生活事物的枝枝節節、或是乾脆遁入不想活了的空無。

讓我們不厭其煩的，一起再來順一遍一切萬有生命的全貌。

在開始之前，臨在的層面，有我們更大的自己，也就是具有天生神聖繁複性的靈魂本質，由生命存在的源頭，帶著一種對創造的好奇和靈感，而開始了這一次的生命、投入了我們現在所知道的這個自己，進入一段創造與體驗的價值完成過程中；價值完成了，再把自己轉型，進入下一次神聖靈感的追求與體驗，於是藉由死亡作為肉體經驗的結束，再重新進入不一樣的過程；令更大的自己，始終能在更大的層面，體驗神聖的驚奇。生命的發生，是一次又一次神聖的歷程，每一次要來之前與來的時候就有意義，離去的時候有意義，期間一切的發生也都有意義。

一旦有了這個視野，我們就會有能力來面對自己的死亡恐懼和存在焦慮。

面對死亡恐懼

有些讀者也許正在經驗自己的疾病，或者，可能生命到了某個階段、正在必須轉化的過程，或者，也有些人就是長久以來，莫名的感到恐懼死亡。

對於死亡感到恐懼的人，怕死、也不要死。不過，閱讀本書至此，透過身邊摯愛之人的離開，我們從面對愛人的死亡，會開始意識到有一天自己也會死亡；再從接受他的死亡是可以的，開始準備自己的死亡也是可以的。我們正從較遠較外圍的情況，學習一步步安頓，再一步步地更靠近自己，學到的第一個基礎功課就是：

死亡是可以的。

倘若此刻，你依然覺得死亡是不可以的，那麼，請將本書再次的從頭看起，也請允許我現在直接告訴各位：那也沒轍的，死亡就是一件你說絕對不可以、它還是要來的事情，人都會有一天要死。

因此，面對死亡恐懼的第一件事情，就是先承認第一個事實：我一定會死，他一定會死。我們都會有一天要死。

承認這一點關於生命及死亡的事實，我們才能夠接受死亡是可以的，第二步，才有機會接受「我的」死亡是可以的，最後再來問到：「如果現在死，我要不要？」

● 我的死亡恐懼

就在爸爸告別式的前後兩週，跟樓下對門伯母擁抱過，得知伯父過世、伯母確診之後，我開始自行在家居隔檢疫。

行動上，我們姐弟四人將守靈及喪儀事務的安排分成兩組，我與同時也跟伯母擁抱過的二姐一組，大姐與弟弟一組，免得萬一全中、爸爸幾天後的告別式無法進行。內心裡，我卻無法放下擔心，會不會不知情的情況下早就已經感染、傳染給了其他人？在告別式結束後，得知伯母的死訊，就在一週足不出戶的居隔期間，我經驗了生命中第一次「現在我可能會死」的強烈恐慌。

這個恐懼，是來自很多方面的加總。

根本沒有料到爸爸會死，爸爸卻死了。頓時讓我覺得，生命沒有什麼是能夠掌握的，接下來有沒有可能，我以為我不會死，但現在或待會兒就死了？伯父伯母的死，竟比爸爸更再令我意外，毫無預期，短短兩三天就這麼沒了，而疫情確診死亡的人數每天都在迅速增加。

有一天傍晚，突然覺得自己的呼吸怎麼好像變慢變重了，而且喉嚨好痛，整個腦袋從肩頸上來緊緊脹脹昏昏，我開始想：現在我會不會是快樂性缺氧、待會就猝死了？而且我一個人在家，如果倒下去死了，也沒有人知道。當下越想越害怕。事後，想想，其實是害怕讓自己恐慌發作，並不是病毒或死亡讓自己發生了那些身體現象。

但是當下，害怕的我於是打電話跟姊姊說話，說完還再跟好友群組訊息報告自己現在身體的狀況和心情的遭遇——是的，我一向都很需要向別人報告自己的事情和心情，言語及情感流動，每每總能令我再次感到踏實。說完話、稍稍冷靜下來之後，我跟自己對話：「我怎麼了？如果死了就死了，是死亡不可以嗎？難道我不可以死嗎？我現在死不行嗎？」

在這時候，我知道死亡不可怕，死亡會回到明知之光和愛的氣場，死亡是可以的。何況如果現在死了，我就輕鬆了，不用面對悲傷也可以跟爸爸媽媽相聚，加上原本就一個人生活簡單、也沒有什麼不可以死掉的罣礙和理由，那不是也好嗎？但為何我感到恐懼？

我的答案是：「死亡是可以的，我可以死，但是，我不要現在死。」

我問自己，我現在死可不可以？答案是，可以的。爸媽不在了，最重要最需要照顧的人已經不在，人生沒有責任了。而人生的滋味，到現在若說有什麼該品嚐的，也都品嚐到了，包括生離死別，連最後一步爸媽死亡也讓我體會到摯愛之人死掉的那個極痛滋味，大抵說來喜怒哀樂、貪嗔愛慾都體驗過了。如果我現在死，真的是可以的。因此，我跟自己說：「我可以死。」

就在這時我第一個念頭馬上出現：爸媽才剛走，我如果現在死，兩個姐姐一個弟弟會無法承受，這樣他們太痛太痛了，我不要發生這樣的事情，我不要他們這麼痛。接著想到的是，好，萬一我死掉，馬上一定要被發現，我不要在家裡死掉；因為我才剛看過爸媽肉體死亡的現象，肉體死亡本身真的是赤裸而連一點點浪漫都沒有、完全不美麗，我的房子這麼舒適美好，死就死，但我現在就死的屍水味道把房子弄髒，那多可惜。再接著，想到有好多漂亮的衣服都沒有穿到，我還沒有幫我的衣服物品價值完成啊，我不要現在死，不然那些漂亮的衣服東西可怎麼辦？太可惜了。還有，雖然談過戀愛，但我還沒有結過婚，我好奇如果某天跟某人終日朝朝暮暮相對，婚姻結局到底會是白頭偕老、還是會像爸媽那樣相看兩厭的互鬥？我想體驗看看，我不要現在死。最後，我想起二〇七五，就是我真心要等看二〇七五年，賽斯在講、許醫師一直在講的，我也感覺人類的心靈真的開始在大轉變，我不要現在死，我要等二〇七五可以嗎？

所有我不要現在死的理由，就是這些很膚淺又很真實的心情。

原來我雖無罣礙，但還有欲望。或者，要這麼轉譯自己的心情：我不要現在死，因為我還有確實想要活的心情，我要愛我的家人朋友，我要享用物質世界的美好，我好奇而想體會與人情感流動所帶來的自己心靈變化，我還好奇整個人類心靈的變化。

面對死亡恐懼，首先得明白：怕死也沒有用。死亡所代表的分離，就是一切萬有創造時自然也必然的橋段。人再怎麼怕死，還是會死。因此，感到害怕死亡的時候，得先練習告訴自己：「我很怕死，但我一定會死。」這句話，可以講一百次、一千次，一次又一次地來幫助自己承認：每個人——包括自己——必然得死。這是一個神聖事實。

假如你接受了死亡這件事，但卻回答：「我的死亡是不可以的。」那麼，請試著問自己：「為什麼我不可以，要怎麼樣才可以？」找出關於那些從「我覺得不可以」到「我覺得可以了」所需要的條件，是什麼。

接著，再問自己這道選擇題：「如果現在死，我要不要？」如果答案是和我一樣，選擇了「我不要現在死」，那麼，請繼續回答自己，不要現在死，因為「我要」什麼、「我想」做什麼？

回答完這些，接下來要做的事就是——在這個當下，就把你所要所想的自己活出來。

比如，當時我即使居隔，也即刻用通話視訊，去愛我的家人朋友，也讓他們愛我一下；把喜歡的衣服從衣櫥拿出來，擺在日常常穿的最顯眼那一格，把家裡整理一遍，滑臉書，再把賽斯書拿起來隨手翻開閱讀。總之，除了知道自己恐懼死亡、不要死，更重要的是，同時要知道自己想活、要怎麼活。

前面提過：每一個人都決定了自己的死亡，完成自己的生命、積極地走向死亡。因此，有時也可以這樣問自己：「難道我一定要現在死嗎？我現在死是可以讓這次生命帶來的價值完成最充分地填滿嗎？」如果答案很明顯「不是」，回答的同時，會浮現出自己要活的欲望，感到自己渴望再創造的動力和方向。

● 正因為承認接納我怕死、不想死，才會看見自己想活下來

往前想望，生活裡有著已知或未知的價值完成等待自己去創造。而這個「價

值完成」，並不是別人告訴你的有意義事情，而是你看到，這件事情是你可以做、而且你也想成為那個樣子，最後還要根本終極的、回到你喜歡。
生命的意義，不是來自責任，而是出於歡喜——你想、你可以，而且你喜歡那個狀態，因而渴望去進入一個能帶來這樣價值完成的生命過程。
許多人說著「我現在不要死」的恐懼時，卻也無法回答自己何以時候未到。雖然不知道也沒關係，因為到這裡，至少讓問題從相對虛無的「死亡恐懼」，進入了其實容易看到立足點的「存在焦慮」。這時，我們可能會驚訝地發覺：原來，我把自己的存在焦慮藏起來了，而偽裝成死亡恐懼。

我的死亡恐懼的發生

現在回想我所面臨的死亡恐懼，它是如何發生的。
從不接受媽媽的死亡開始，到接受死亡是可以的，接受媽媽的死亡是可以的；接受之後，進入生活重整，原以為就是稍微整理一下就可以了，熟料，爸爸死了，事情的發展令我原來的家庭——就像其後我老家的改建和售出一般，我的生命也崩解了一半，因而進入得全盤翻修的重建和新生。在長長的生活重建正要開始時，在我從一段失落的過程中、正理解著價值完成跟能量轉化的意義時，在展開對生命種種更大的視野、試著用不同視角去重新沙盤推演死亡這件事時；我經驗了一次自己的死亡恐懼。

是因為從媽媽開始生病到爸爸告別式結束的將近一年裡，全部的體會都太深刻了。不論對父母、家人及我自己，尤其是爸媽，後來我所明白的事情，都從來沒人教過他們這些！一方面萬般心疼，一方面萬分感激自己一路以來的學習，救了後來的自己。

一直覺得爸爸在生命最後的一百天中，他最強烈的回想和體會，就是想要被媽媽管、被媽媽念。因而我猜想，媽死後的那些短短時光中，爸爸只有他存在的失落與焦慮——在失落的過程中，一心一意想要與媽媽重逢卻不能而焦慮。爸爸沒有死亡恐懼，他用死亡完成自己當時最大的欲望。

而我之所以現在還活著，正因為我有死亡恐懼。我既追思不捨爸爸媽媽，同時也恐懼死亡，我還不要死。但要如何面對整理父母死亡帶給生命的種種影響，是我自己生命至今最大的存在焦慮，這才是我那次經驗到死亡恐懼的真正意義。我藉著靠近一次自己的死亡恐懼，去喚起全部的生存欲望，重新整理自己的想活。而與爸爸不同的是，我的欲望必須藉由活著完成。

整理撰寫此書，是我生命的創造及價值完成之一，也是我很想要做到的事。我渴望以此，能夠對人們——尤其我所愛的——在生命重要的時刻，提供一些角度和視野，不至於陷入像爸媽或我與家人曾經那樣令人心疼的境地。這是我必須去成為的樣子，是我可以、我也想，而且是我喜歡的；然而能夠像此刻自由地承認並說出這份欲望，對於長久以孤僻避世心理習性活著的我來說，絕非易事。這是過去我存在的某種矛盾和焦慮。

死亡恐懼與存在焦慮

從謝爸爸謝媽媽這兩個個案，也從前面對他們的介紹，是否大家看見了：原來他們都在完成自己的生命，然後積極走向他們自己的死亡。相同的，不論有沒有意識到、不管情願不情願，活在此時此地，每一個人都在完成著自己的生命，每一個人都是積極的走向死亡。這是一個事實，也是我們得一起承認的第二個事實。

這麼說或許有一點蠻橫，然而在承認這個事實的同時，並無意要輕忽減損每個人在經歷當下面對生命衝擊時的悲傷、難過，或痛苦等真實感受。因為那全都很真實，那是人性。只不過，在經歷和面對的同時，有一部分的自己得明白：我們都在創造自己的實相。就好比一個演員，正在全心投入盡情演出種種生死悲歡的戲碼，但他內心完全明白：真正的自己，並「不只是」舞台上正在演出的那一個自己。

而這麼說，要帶來兩層意義的體會。

其一，即使你不要死，對死亡感到恐懼，不知道怎麼活，對存在感到焦慮——就算有很多的恐懼不安和不明白，靈性上的自己始終都會幫助自己，讓你完成自己的生命，經歷著你自己的死亡。

其二，一個人的死活你不能拿他怎麼辦，你的死活也沒有人能拿你怎麼辦。我們一直以為自己的「活著」是被別人怎麼樣的，事實卻非如此，只有你能拿自己怎麼辦。

例如，我這麼愛我的爸爸媽媽，相信他們也是如此愛我，我不要他痛、他還是痛，我不要他死、他還是死了。理論上，如果我很愛你、你很愛我，我希望你不要走，是不是有可能你就留下來了？但何以如此相愛，他還是要走了？因為，他就是要走，而你拿一個人的死不能怎麼辦。不僅如此，回想過去，我希望媽媽輕鬆開心、她還是不輕鬆不開心，當她活著的時候，我也不能拿她怎麼辦。原來，一個人的死和活，我們都不能拿他怎麼樣。由此我們得到更大的領悟：既然我不能拿一個人的死和活怎麼辦，別人肯定也不能拿我們的死和活怎麼辦。

嘛是愛有人念，愛有人管

再次憶及煮元宵那時和爸爸的對話，我跟他說，以前你怎麼樣媽就會生氣、罵你，現在媽不在了，你愛怎麼樣就怎麼樣；媽媽死了就是要放手讓我們做自己，你讓自己去玩得開心。然後爸爸回答說：「嘛是愛有人念，愛有人管。」就在生命沒有人要拿他怎麼樣的時候，爸爸自己心中得到了他從未有過的明白，他希望有人管他，希望有人嘮叨他。

總想像，假如有一天，媽媽突然死而復生來罵爸爸，這一瞬間，爸爸的心情會是什麼？我猜想：是驚喜吧，是感到開心和甜蜜的驚喜吧。過去，每每被罵總是憤怒「我的人生都被妳控制住」，然後負氣奪門而出，可是媽媽走後，爸爸總待在家裡，彷彿等著媽媽真能起死回生的那一刻，要「坐在妳面前讓妳罵我、嘮叨我」。

爸爸經歷了失去外在那人的控制後，才領悟：原來這是自己生命所要的東西，過去卻從來都沒有真正的承認和同意。

不只是爸爸一人，我們不知不覺的，或多或少的，也遇到類似這樣的情形。表面上的意識不能承認，也表現出不同意，這樣就可以對別人也對自己耍賴，「都是你要我這樣的，不是我要的」，把屬於自己這一半的責任，丟出去給別人。或許會因此保住了一部分的自我尊嚴或面子，但也否定了一部分真正自己的力量，同時，可能也否定了對方在自己生命中的意義。比如爸爸，他否定了自己的膽小與依賴，連同也否定了這方面，媽媽其實擔演了照顧他的意義。

爸媽相繼不在的這段經歷，令我強烈地感到：沒有人能拿你的死和活怎麼辦。這個體會，相信並不是每個人都得等到失去之後，才有自由、才去看見。關鍵在於：自己想要還是不想要。這是我們對於自己生命的負責。事實上，自己以為不喜歡某些與別人連結的方式，它往往是自我意識選擇後的想要，其中一定滿足了內在的某一項需求。

曾與個案有過這樣的對話。她因為癌症復發，經過三年後，又回到諮商室來告訴我，她很怕死、她不要死。我說，「我知道妳很怕死，妳不要死，不過現在先問一個問題：妳說不要死的意思，是想要繼續活，是嗎？」她回答是，我便再問她：「妳為什麼要活？」她就跟大部分人的回答一樣：「我不知道。」

進行心理治療，有這麼一個殘酷卻又重要的功能，就是我們常常會把不知道的事情變成知道。於是我說：「試著說說看、隨便講，如果妳現在就是要活下來，妳活著想要做些什麼？」她想了想，說：「我要體驗，因為我喜歡看這個世界有趣的事情。」我接著說：「很好，就是體驗，看看這個世界有趣的事情。那麼，妳體驗了嗎？比如，最近看了什麼有趣的事情？」然後她告訴我：「沒有啊，我九個月完全沒有出門，最近一次出門，就是那天不舒服去醫院，然後才檢查發現癌症復發，再來就是現在趕快來找妳了。」

原來，她整整九個月沒有出門，沒有體驗，沒有看看這世界有趣的事情。問她怎麼了？她回答說：「我自己怕疫情、怕感染肺炎，而且我的老公和孩子從以前就是這樣，他們都不肯陪我出門，生病之後，不只不陪我、更是不讓我出門，他們都不支持我出門。」聽她這麼一說，我回應：「聽起來，妳現在雖然活著，但這九個月等於並沒有活著啊。妳活著是要體驗、要看這個世界有趣的事情，妳卻九個月沒有活著了。而妳之所以沒有活著，是因為妳怕死、怕生病、怕別人不支持妳。妳想要活，但妳需要別人支持，這樣才敢去做自己想做的事情、才能讓自己活。」

看了這個案例，各位感覺如何？我怕死、我不要死，因為我要活著；我要活著才能夠體驗、去看有趣的事情。然而同時，我又沒有去體驗，沒辦法去看有趣的事情，因為我怕死，也怕別人不支持我。結果是：我怕死，所以我並沒有真正活著。

就好比，因為想出去玩而買了一輛車，可是怕車子會壞掉，所以不敢開出門。聽起來這個人有車，又等於沒有車，並不是沒有車，而是怕車子壞掉、怕被家人罵，因此不能出去玩。

跟個案繼續再往下對話，結果發現，她的人生沒有辦法活，並不是因為沒有健康，若用車子來比喻人的肉體健康，她明明還活著，卻又沒有真正的活著，是因為害怕車子壞掉、害怕被家人罵，因為車主自己內心鬼打牆，一輛能開卻不開的車子，放著放著，它也就發不動了。她一直都害怕生病和死亡，但其實鬼打牆的原因是，底下有一個她不敢面對的害怕：得不到家人的認同和支持，也因而不敢活出想出去玩的自己，這裡，才是她與死亡恐懼相伴、在活著這一面的實際困境。面對現實生活裡這種衝突，以致不知道要如何活，長期下來便失落了自己。這是一個有關「死亡恐懼與存在焦慮，其實是一體兩面」的實例。

● 你把力氣用在「擺脫」，還是「自由從事」？

你可以怕死，並且要承認接納自己的怕死，但是，你一定要有勇氣去看到：自己之所以怕死，是為什麼。

從臨床上的經驗，我所收集到的答案通常會是：我要活，我不要死。另一個常見的答案則是：我不是怕死，我是害怕死亡的過程。臨床上我也觀察到一個普遍現象：不知道怎麼活，或活得不太好的人，他通常都更害怕死亡，不論是死亡的過程或死亡本身；而一個可以活在當下、把自己活得不錯的人，相對來說，則不會有強烈的死亡恐懼。因此，這個「我不要死」的難題，或許我們可以說它是關於「我要怎麼活」的困境。

一旦從「存在焦慮」跳到「死亡恐懼」這邊來的時候，一個人活著的焦點就會放在如何不死，這樣活著就有了相對簡單容易處理的目標：開始養生、開始健身，開始談論自己的恐懼。他雖然活著、卻也沒有真正的活著，因為他只是活著在擺脫死亡。

《早期課四》第一七六節，賽斯講到約瑟整個家族轉世上的共同特性時，曾對約瑟說了這麼一段話：「擺脫凡塵俗世的渴望是你爸爸這邊的家族特性。除了你自己之外，這樣的特性並沒有帶來任何創造性的實際行動，因為他們是以擺脫（freedom from，擺脫二字畫線）的角度，而非以自由從事（freedom for，自由從事四字畫線）的角度來思考。他們所想要的事物都與自由無關，只有逃避，所以你一個弟弟玩模型火車，另一個弟弟打高爾夫球。對他們而言，這些出口極有必要。」

一個人有擺脫凡塵俗世的渴望，其實真正的渴望，是想要能夠自由地去做自己想做的事情。例如玩模型、打高爾夫球等等，投入這些興趣，都是生活中創造力的出口；但如果，沒有實際允許自己自由地去做想要的事情，那麼，擺脫俗世的渴望也只是逃避。相同的道理，當一個人說他不要死的時候，他渴望擺脫死亡，卻沒有實際去活出自己想要的活著，那麼，恐懼死亡也只是逃避。

但是，與其說「我不知道自己是誰，我不知道要如何生活」，比起來，一個人說自己害怕死亡，在自我面對的層面上，其所需要承擔的壓力是比較小的，比較不用負責的。

原因之一是，死亡對大多數人來說，並沒有那麼急迫；可是，生活是每時每刻、就在當下躲都躲不掉的事情。之二是，「我不要死」這一題也可以說是無解，或說有解就是「我一定會死」。因為無解，所以就不需要解決——大家都知道它無法解決，可以一直害怕，也可以一直都解決不了，於是彷彿去說自己有死亡恐懼就很合理。

故此，許多不知道怎麼生活的人，就帶著這個不想自我面對的耍賴心情，躲在對自然也必然的死亡恐懼議題裡面了。然而，把焦點放在無解的「不要死」，無異於跟整個生命、大自然及宇宙一切萬有對抗，絲毫沒有可以改變情況的立足點和施力點，因而會讓一個人產生越來越強烈的無力感。

這時，唯一有力量的做法，就是得把躲在死亡恐懼背面的真面目找出來。從擺脫死亡的追求層面，進入自由活著的實際行動層面。

面對存在焦慮

賽斯說，一切萬有在開始創造之前，意識到「在它自身之內包含了可能創造的無限衝力」，一切萬有擁有如此宏偉的創造力，以致它的每一個心念和夢想都獲得了一種實相和生機。但那必須有自由才能做到。「是來自何處的自由？去做什麼的自由？去成為什麼的自由？」這一段話可以解讀成：在我們每個人的生命之內，都有無限可能的創造力與衝力，這些力量會帶著我們把自己渴望的生活實現，但是必須有自由才能做到——包括我們來自何處、去做什麼、去成為什麼的自由。

正因為有無限可能，也有自由，生命的面貌才如此林林總總、多彩多姿。但又因為有無限可能，也有自由，許多人反而害怕自由。

一旦有了自由，就要為自己負責。過去我從存在主義哲學思想所學到的，就是在說「自由意味著責任」。現代社會又是一種很愛「究責」卻不太真正負責的奇怪文化，只要出現社會問題，網路與新聞充滿著要起底肉搜某人、要某人下台的聲音，卻不太在意事情到底要怎麼真正的善後與價值完成。

我想，大家都被「負責任」三個字嚇壞了。雖然自由意味著責任，但被存在主義和我們社會大大忽略的，是「可能的創造與無限衝力」。

實際上，責任意味著有力量。人有無限可能的創造力，而無限可能也意味著「都可以」，每一個發生都是一切萬有默許的，並無好壞。賽斯思想中所說的是「為自己負責」，承擔起自己的力量，承擔每一個實相是自己信念和選擇的結果，而當你不想要這個實相時，你有力量改變自己的心靈，由此讓事情變得不一樣。明白改變的力量在自己身上，這就是對自己負責，也才是真正的負責。

因此，若說死亡恐懼是對死亡感到害怕的內心處境，存在焦慮就可以說成是對自己力量和自由感到害怕的內心處境。具體來說，往往是對自己內心渴望採取創造性的行動，感到害怕。既渴望，又害怕，因而不知道該如何實際去做。

比如前面提到的那位個案，躲在恐懼死亡底下的，是她不知道要怎麼活的存在焦慮，害怕不被支持、不被愛，因而無法自由自在從事自己想要的生命體驗。內心困在既想要出去玩、又害怕自己跑出去玩而寸步難行的處境。身體生病，只是長期活在這個處境的具體化結果。

如果她真的要出門、要去體驗，老公孩子不讓她去，在這個時代，除非他們把她關在家裡、鎖起來，否則雙腳在自己身上，總是有辦法出門。只是，去做了這件事情可能會有些後果，例如：回家之後被老公罵，然而——她體驗到活著了，為了自己的體驗，有一個代價是讓別人罵一下，可不可以？如果被罵一下就不能去了，看起來答案似乎是不可以，然而這個「不可以」是一種自我欺騙，事實上可以去，只是不想被罵，所以不去。

當我們看見自己以為的「不可以」，原來不是真的不可以，而是「不想」——

不想被罵，或者不想要有衝突。能有這樣的發現很棒，也非常重要。例如這位個案，有了進一步的發現：在死亡恐懼和存在焦慮底下，她有更終極的恐懼，其實是害怕不被支持。原來她想活，不僅想要體驗生活，還有一個更大的渴望，是得到家人的支持和愛。

透過心理治療，總是可以一步一步的，發現一個人內心更深的重點。恐懼死亡底下，其實是無法活出自己想要的生活；無法活出自己底下，又是想要得到支持關愛的渴望。到此為止，一開始「要如何擺脫死亡恐懼」而無能為力的議題，事情終於有了立足點，是去探索並學習如何滿足被關愛的欲望，我們於是讓虛無的困境有了出口。

面對死亡唯一的解套方法，就是活在當下

摯愛的人離世之後，我們不得不因此展開與原來不一樣的新生活。有些人陷入長期的失落和悲傷，其實，那也是在面對某種存在焦慮而無法往前，因為他不在

了，所以現在不知道該怎麼活。這時，我們會一直想要那個人活回來，如果他沒死有多好。這個狀態中的失落悲傷，已經不是為了失去摯愛的人，而是並沒有活好現在這個自己。

另外一些由於腫瘤等身體疾病、正面臨自己可能會死亡的人，面對這個療癒困境中「我不要死」的感覺，也並不是去要那個沒有生病的自己活回來，常常想著：如果沒有生病那有多好。而是得接受讓那個生病的自己死掉，自己之所以會生病，可能在過去並沒有真正的快樂，或並沒有充分的活著。因此得告別原來的自己，然後活出現在這個自己，這就是活在當下。

不管是希望自己不要死、希望那個人不要死，或者不知道要怎麼活、要為什麼而活，面對死亡恐懼和存在焦慮的唯一解套方法，就是活在當下。

● 活在此時此地

在心理治療中，有許多能使療癒效果發生的重要做法，其中之一，是一個叫做「here and now」的談話原則。這裡我們不深究且也不是與心理治療技術相同意涵，只是暫時借用「here and now（此時，此地）」這字詞，來學習如何活在當下。

回想起陪伴媽媽最後的時光，每一次回家，我總得使盡全部的力量，拉著自己穩在當下不要飛走，貫注在此時此地的目的：我今天要跟媽媽好好吃一頓飯。否則，我如果讓思緒渙散到一個月、兩個月後媽媽就會死了，當下我就變得只想哭，悲傷得沒有辦法好好吃飯，就會浪費與媽媽共度的時光了。因此，我曾經非常使勁且刻意，去練過如何活在當下的這件事情。

舉輕鬆一點的例子來說，兩個人相約一起看電影，一個開心且令人期待的約會。但因為對方遲到了，眼看著電影就要開場，你著急地等了二十分鐘，終於對方來了，你問：怎麼遲到那麼久，對方回說：又沒怎樣，反正來得及。你見對方遲到了而沒有歉意，一氣之下，便決定不看電影了。再一個例子，旅行後難得回家一趟，要跟爸爸媽媽好好聊天說話、分享有趣的旅行經驗，一坐下來媽媽就說：「做媽媽的只顧著玩，小孩有沒有教好？這次考試有沒有進步？」一聽媽媽怎麼又講這個，一氣之下便決定：「我要走了，回自己家去。」

活在當下的此時此地，我本來的目的是什麼？我是要來跟你開心看電影的，我是要來跟你聊天分享趣事的。但常常，我們想到了過去或未來，一個遲到或一句話，過去的不舒服又來了，接下來對方又會做出什麼、又要講什麼了。我們想起了過去，預期了未來，所以轉身就走，而沒有將這個當下自己的渴望活出來。

一個活在當下、有力量的自己，會說：「先快進去看電影，待會看完我再跟你算遲到的帳。」「我是來跟你聊天的，我們不要講小孩的功課。」而這個力量、這些話得誰來行動？當然是自己，因為這是自己的目的，不是媽媽或其他對方的，所以我們一定要拿回自己的力量。

倘若想著過去或未來，就沒有辦法活在當下，以致人在此時此地，心思卻失焦了。在禪修中有一個練習，叫做「心攝」，就是收攝心念、不讓它忘失散亂。活在當下，就是類似這樣的練習，收斂心念，聚焦在此時此地明確渴望的目的上面，然後讓行動在這個當下跟隨你的想望。再更簡單的比喻來講，比如當我正走在要去吃午餐的路上，這時候有人問我：「晚上宵夜你想吃什麼？」我肯定無法回答他，因為一個連午餐都還沒吃到的人，現在只能感覺這一餐想吃什麼，沒有辦法跳過這一餐，去感覺自己在深夜的胃口。

曾經有位個案，長期移居國外工作近二十年，他在罹癌後告訴我，這麼多年來，最大的渴望就是想要有個自己的家，幾年前有看了間房子，好喜歡、好想買，但到現在都沒有買，他怕買了房子之後，萬一老了想回台灣生活怎麼辦，因此他心裡一直有著居無定所的漂浮感。但是他現在被診斷癌症了，問我：「最近我去看那個房子，竟然還在，但是我現在還可以買嗎？我都快死了、用不到了，還買房子幹嘛？」我回應他說：「過去，你想著不確定的未來而讓自己無法行動，無法有一個家，現在，當你講著『我都快死了、用不到』的時候，你的心依然想到了未來，而且是一個死掉的未來，而不是一個活著的未來。」我的意思是，當一個人把焦點跟力量都放在「未來無法確定、自己要死了」，而非放在「此時此地，我要怎麼活，我想怎麼活」的目的上，其實這個人是很有意識的不選擇這個當下，一直以來讓自己的情況變得漂浮、變成居無定所；並不是說他這樣子不行，然而我不禁問他，「這是你要的嗎？」

現在，我們要很清楚的意識到，就在這個當下，自己的選擇就是力量，它可以決定要讓情況變好還是變壞；一旦開始意識到自己此時此地的目的在這裡，我們也會開始變得有意識地做出符合目的行動，而活好現在這個自己。

進一步說，這個類似心攝的活在當下練習，關鍵是貫注在自己此時此地的目的，卻不是要一個人去忍耐或壓抑感受，不是朋友遲到了得忍耐、媽媽講了不想聽的話題也得忍耐（雖然看起來很像在忍耐）。這是一心一意把焦點放在自己喜歡並且想要的目標上面，那不僅是沒有忍耐的，也更具力量。

比如，我是一個不喜歡運動的人，叫我去跑步或爬山，我就會覺得很辛苦，感覺自己整個過程都在忍耐承受體力上的勞動；可是，一個喜歡運動和爬山的人，他卻覺得讓身體動起來、汗流浹背的過程實在很爽快舒服。由於這種感覺正是他想要的，他從體力上的勞動獲得一種被滋養的心靈感受，所以會產生再次做這件事情的心甘情願。

所以，真正活在當下的感覺，依然是愛怎麼活就怎麼活，是既貫注在自己喜歡且想要的目的及感受裡面，卻也沒有忍耐——這就是一種內在心靈上的轉化。這時，會有一些外在實相的轉化隨之發生，比如前面的例子，或許媽媽就開始隨著你轉變話題了，朋友也變得真誠道歉、不再遲到了。轉化不意味著你的生命狀態要做巨大的改變，卻是在每個當下，都活出自己喜歡而想要的感覺，它就發生了。

若是遇到像失落或悲傷這樣大的難題時，有時候，我們可以就讓難題暫停，把它先放到旁邊，不用急著往下處理和解決，繼續活在當下，一天一天過，把每一天都過好，今天不知道怎麼辦沒關係，明天繼續過，明天還是不知道怎麼辦，就再繼續過一天。只要沒有停止往前，讓每一個當下繼續下去，內心帶著也許未來會有些不同的期待，事情總會有新的發生，有一天就會有了不一樣的感受。

9

靈魂永生：從轉世關係理解緣分，找到自己現在的位置

靈魂永生

要談靈魂永生與轉世關係，自己私心感覺，這既是從身心靈觀念來探索認識生死議題中，最重要的一課，也是活著的我們，萬萬不能過度貫注其上的學習重點。明白靈魂永生，是得以安然活在當下的心靈背景與後盾，可是，明白靈魂永生的目的，卻是要能夠好好活在當下，充分活出現在。

每當提及靈魂永生與轉世關係時，我總想是否先讓讀者可以關注當下，讓此生此時的困境，在此時此地轉化，不要陷入將問題歸咎於轉世的宿命逃避或無力之中（例如在本章末：一次重要的問與答）。故此，前面的許多段落中，好幾次幾乎要碰到或者已經碰到，但我欲言又止。例如，在講到爸爸積極走向死亡的理由時。

我完全明白爸爸在那一刻，確實是積極的走向死亡。原因之一，我相信，爸爸媽媽還會有一世在一起，要成為彼此的重要親人，不管是兄弟姐妹或夫妻或親子關係，他們的緣分還有一世。

記得媽媽走後不久，當時爸爸健在。有一次和診所的同事們聚餐，許醫師聊到目前在地球上輪迴的大部分人，很可能都已經是我們的最後一世了，因為到二〇七五年，會有一個大轉變，到時候，我們之中的大部分人，靈魂會到另外一個層面去，而不再來地球輪迴。講到這裡，許醫師突然話鋒向我，對我說：「但像你媽媽，她應該還有一世會再來地球。」霎時，我在心裡感到震驚：從現在到二〇七五還有五十年左右，而我相信爸爸媽媽還有要共同經歷一世的緣分，這樣，時間有點趕啊！媽媽剛走，她過去那邊整理一下可以準備再投胎，但爸爸豈不是得跟上？那也不能慢太久啊？如此一來，難道爸爸會不久於人世、才可以進入他的靈魂轉世？我安撫自己，或許我想錯了，爸爸會繼續活下來，他留下來還會有新的創造。本來這就不是定論，本來就不是只能很宿命的價值完成，本來生命在廣闊的現在永遠可以有創造的可能性。然而事後，從爸爸死亡的時間看來，繼續活著展開新的創造，不是他要的，爸爸確實跟上媽媽的腳步，投入他的另外一個形式。看來，爸爸才不想留在這邊跟我們虛耗了，他真是積極地走向死亡，好讓自己跟上媽媽，兩人會在另一次的轉世關係中，重新創造。

靈魂永生，一直潛藏在這書的前幾課裡，醞釀了許久。終於我們來到這一課，正式打開這個題目。

賽斯書其中一本，就直接叫做《靈魂永生》，很厚的一大本。這是我讀的第二本賽斯書，第一本讀的是《個人實相的本質》。在將近一年的時間裡，《靈魂永生》就放在我的床頭，每天睡前讀一點，總之這本書，我第一次讀的時候花了一整年，那時有個狀況，如果哪一天晚上沒有讀個幾頁，我就沒有辦法入睡。而這麼大的題目，暫且讓我用實在過於簡短的字句，粗淺地運用其中幾個概念，來幫助大家學習了解生死。

首先，你死後仍有生命。

其次，你活過不只一次。

死後的自己還是有生命的，我們不是死後就灰飛煙滅。不只是死後，我們在生前也有生命。

「死後仍有生命」與「活過不只一次」，不知是否讓人聽起來，就覺得活著的焦慮感少了許多？有位朋友常會講些一生必去的一百個地方、一生必做的十件事情之類的話，但我常常覺得沒關係啊，因為我們會活好幾次，所以沒有一定要在這一世去到所有必去的地方。

從靈魂角度來理解生命的存在，所有現在找不到答案的問題，或是所有想要完成的事情，都必然會在靈魂永生的架構之內解答和完成。那麼，如果我們活過不只一次，生命是不是就可以慢慢來了？這確實讓一個人對於到底要怎麼活的焦慮或急迫感，放下不少。

比如我，因為我媽家人韌命的基因，總覺得自己會活到一百歲，然後我又活過不只一次，那現在這麼著急，要去做什麼？如果現在就把想做的事情全都完成了，接下來的日子要做什麼？於是，我喜歡讓事情不疾不徐的來。許多人追劇往往想要趕快把它看完，搭捷運時也追、吃飯時也追，但因為我覺得看戲是一種珍貴的享受，所以就喜歡在很舒適、很悠閒的時候，一個人在家裡好好的看它。又如吃東西，對我來講也是一種享受，對於享受的事情，我當然也喜歡專注的給它一些時間，好好的品味。假設有一件事情，決定去做卻發現自己囫圇吞棗似的、急急忙忙只想要趕快完成，我大概就會知道，它其實是我不喜歡也不想做的，與其如此對不起自己也對不起這件事情，可能下一次遇到，會更有勇氣拒絕它，就不要做好了。

第三，每一個當下，你生活在廣闊的現在。

第四，在每一生裡，經驗我們預先選擇的情況，所有的環境和挑戰都是特為自己的需要而裁製，因此發展自己的能力；後果並沒有註定，由所牽涉的你的人格決定。

所謂「廣闊的現在（specious present）」，指的是你的過去、未來跟現在，所有的時空，都包含而同時存於現在（present）。意思是說，一個人所有的過去跟未來，過去的轉世與來世，都存在於現在的自己之內，而同時活在廣闊的現在。

例如，我的這一世是個女性，叫做謝明君，職業是臨床心理師；有一世的我可能叫做A，搞不好是個男生，是個流浪人，生活在十七世紀；可能還有一個轉世的我，活在十九世紀，然後叫做B，可能他是個整天足不出戶的作家。這幾個我，他們不是切斷的，也不是一個接一個投胎才出生。我們的時間概念是線性的，會有十七世紀、十九世紀、二十一世紀的先後發生，和前因後果，我們也以為現在的自己是受前世自己所造的業才來到二十一世紀；實際上，我們以為的十七世紀、十九世紀和二十一世紀，是同時存在的，互為因果地相互影響發生。至於十七歲的自己、十九歲的自己和現在的自己，也是同時存在的，並非哪一個是因、哪一個是果。一旦你改變了現在的自己、改變了一件事情現在的狀況，也會影響過去和未來的自己，讓事情變得不一樣。賽斯提到「廣闊的現在」，要令我們明白的是：時間是同時性的，實相是「多重宇宙的多重自己」同時存在的創造結果。

用一個演員在演戲來比喻。一位演員同一段時間軋了三部戲，所以有三個身份和角色，因為他是當紅的演員，三部戲同時在三個頻道播出，我們可以同時間看到這位演員演著三個不一樣的角色。可是，如果這位演員在其中一部戲劇的演出過程當中，他從一個角色得到了某種重要體會，令內在情感和心理特質有了轉變，因而他在另外兩個角色，也會呈現出不一樣的詮釋及表現。它沒有前因後果，而是一旦其中一個身份的自己改變了，所有的自己都會受到影響。

而因果與演出發展的決定在哪裡？就在每一個你所意識到的、現在活著的你的人格裡面。你可以決定並影響所有的自己。

再用一個比喻來說明這句話的意思。

去年過年時，我買了一盆梅花回家，後來它有活下來。今年十月時，就想把它換較大的花盆，因為自己不會換，也不知道要用什麼泥土，於是就把它帶回陽明山上的花店，請專業的店員幫忙。換盆時，可愛的店員小姐順便幫我檢查一下花的生長狀況，我的梅花從源頭分長了三大枝往上生長，但其中一大枝看起來像是已經枯死，店員用剪刀剪開較小的分枝，告訴我剪開的枝頭泛著綠意，代表著這一枝活得很好，剪開的枝頭如果沒有泛出綠意，就代表這一枝已經沒有生長了。其中枯掉的那一大枝，一剪果然都是乾枯的木頭色、毫無綠意。店員說這一枝是沒有生長了，我心裡很務實的想，既然如此，就不要佔位，於是告訴她：「請妳幫我把它整枝剪掉。」店員小姐說：「不要剪啊，幹嘛剪？」問她為什麼，她說：「妳這兩株都活得滿好的，所以它越活越好的時候，很可能這一株會活起來。」我一聽，覺得生命真是太神奇了，好有趣。以為它不行了，雖然這一枝已經沒有生氣，但三枝是從同一樹根長出來的，它仍然會被其他兩枝的生長狀況帶動變化。這個實在很像靈魂的概念，我們的全我和源頭的自己，就好比那樹根，孕育出不同分支的自己，互相影響。

印象中，賽斯在一堂私人課中，曾告訴約瑟，他在這一世其實喜歡運動，也有想過要不要成為運動員，雖然他後來成為了畫家，可是有一個可能的自己成為運動員。賽斯告訴他：「當你畫畫到沒有靈感的時候，其實可以去運動，雖然你覺得去運動像是在浪費作畫的時間。然而，當你去運動的時候，你會加強了那個運動員的自己，然後當那一個運動員的自己被加強而活得很好的時候，他又會加強作為畫家的你的能力，而使你更好。」聽起來是不是很神奇，也好有趣？

我去做了一件不相干的事情，我也不知道為什麼就想做它，這可能是我某一個**轉世的自己**或**可能的自己**。例如明明我現在的自己是以心理師為業，此刻在撰寫本書的過程中，卻用了更多的時間書寫、大量減少接個案做心理治療，我自己也覺得實在花了好多時間、少賺好多錢，但因為，我也曾經夢想要當作家，是不是有一個轉世的我或者可能的我，她就是作家？所以我在書寫的時候，是在加強那一個我，而當那一個曾經或可能是作家的我被加強，現在這個作為心理師的我，也從中得到滋養及力量，而更能把心理治療工作做得更好。

賽斯在那一段給約瑟的話之後，也說了：「沒有任何你的思想情感跟你所做的事情是浪費的。」我們以為浪費，是不知道在多重時空中有多重的自己，也不明白原來在種種事情之間，會有這樣的關聯。

在每一生裡的經驗，是我們預先選擇的情況，所有在這一世的環境跟挑戰，其實都是為了我們的需要而裁製。賽斯用了「裁製」這個詞，有一種「你這輩子所遇到的境況和挑戰，都由我們靈魂為自己量身訂做」的意思。目的是，為了去發展我們自己的能力和特性，或者完成我們生命或一切萬有的探索渴望。

賽斯說：所有的後果由所牽涉的人格決定，並沒有被註定。

這點跟其他宗教的說法非常不一樣，雖然有這些設計、選擇跟因緣，然而結果並沒有被註定，是現在的人格可以決定。所謂人格，指的就是活在廣闊的現在的這個自己。

簡單地說，現在你做了不同決定，就有不同的結果，也會有不同的學習；結果雖然不同，但並沒有哪一個好、哪一個不好，也並沒有哪一個應該、哪一個不應該，因為一切都沒有被註定，而所有的決定裡面都蘊含著學習的可能性。

這四點是「靈魂永生」大致上的概念。看到這裡，或許各位仍是朦朦朧朧的感受，雖然可能難以了解，不過起碼有了一點新的感受，原來靈魂是永生的。倘若有興趣請進一步閱讀賽斯書，閱讀的時候再細細咀嚼，反覆很多次，漸漸就會一次比一次熟悉明白了。

接著底下，是由靈魂永生延伸的幾個要點，特別與生死議題相關，而要強調說明。

● 你的肉體和生命和健康，是你的載具，是你想做什麼、得到什麼與完成什麼，你生命價值完成的工具

上一章在講死亡恐懼時，曾提及一位個案，我向他比喻了他的生命狀態：如同想出去玩而買車，有車之後卻仍沒出去玩；他之所以不能出去玩，並不是沒有車

子，而是害怕車子壞掉。一個人想要體驗活著卻沒能得到體驗，源自於害怕出門會發生意外、遇到危險、感染流行病、會失去家人的支持；這是一個雖然活著、卻沒有覺得自己活著的人，並非他沒有健康，而是他害怕自己不健康和不被支持。肉體、生命和健康，是我們體驗活著與創造的載具，就好比車子是載你去玩的工具，想出去玩才是目的。

再用一位演員演出三部戲不同角色的例子。這三個角色並不是他，演出這三個角色也不是他活著的目的，他是透過演出不同的角色，去表現自己的欲望和渴望，以及發展他自己的能力。演出的角色，是呈現自己的載具。肉體、生命和健康，是用來提供我們完成「想做什麼？得到什麼？完成什麼？」的工具，這才是活著的目的和意義。

當我們抱持著這個目的和意義的時候，既然買車就是為了出去玩，買了就是要用它，用到不能用的那天，就是換一輛車子的時候了；既然出演一個角色，我們就盡情盡興地嘗試演出，演過了、試過了，下次就換個不同的角色體驗看看。

我們能不能有這樣的豁達，去感受並活出生命的俠氣？如同賽斯曾經提過的：

生命的每一段都是被價值完成激發的，生命的所有面向不只是在體驗覺受，卻是情緒性的感受；每一個生命，都有一種天生的俠氣（innate gallantry）在自己生命所有的段落中運作——賽斯說，那是「值得你們尊敬和思量的一種俠氣」。在我們任何的境況和挑戰，在我們所有的身體細胞、心智思維與感情中，帶著這股俠氣；當我們活得盡情盡興，那也表示我們將生命的工具使用得很好，健康的價值越得以展現，身體也會日久常新而更健康、使用期限更久。

●這一世，所有的目的，由你現在的位置開始

如果活不止一世，實相有這麼多個，我們要怎麼活，焦點要對準哪裡？就如同上一章末，我們講過的活在當下，就對準在目前生活、此世此時此地，是我們最有力量的位置。所有想做什麼和得到什麼，要完成什麼和成為什麼，都是從現在的位置開始，因為現在的自己，就是活在廣闊的現在，一個包涵了過去與未來、且能影響過去與未來的廣闊的自己。

● 業（karma），代表發展的機會

在靈魂永生的觀念裡面，由於轉世間的某些關聯，有時候，來到這一世裡的我們，會帶著某個業或業力。然而，「業」真正的意涵，並非過去傳統所認為、我們口語所流傳的業障。賽斯書提及：業，代表發展的機會，它使個人得以由經驗而擴大了解，補足無知的空隙，做應該做的事情，而自由意志總是包涵在內。

可以把業想成是一項功課。首先，業並不涉及處罰。不是因為前世做的事，所以這一世才要來還這個債或來消這個罪；業表示的，是一個擴展或發展的機會在這裡。比如說現在你有一個機會，可以得到免費的一餐，或有時候在商店消費，會有用小貼紙集點數的活動，那麼，你要不要使用或把握這個機會？意思是，你可以要，可以不要；這個功課你可以做，可以不做。因為它是一個擴展的機會，於是意味著：你的自由意志總是包含在內——你可以選擇不要這個免費的一餐，也可以選擇不要拿這張集點的小貼紙。如果做了，你完成了功課，如果沒做，你也還是你，只是你是沒有做這項功課的你，但並不會因此變成比較不好的人或被懲罰。然而，做了這個功課，你會從中感覺到自己有種擴大了解的完成感，生命也因此不一樣，

不只現在，連同過去和未來都不一樣。

轉世關係

過去，我們常會以為「我上輩子欠他的，所以不得不來還債、被他修理」、「我上輩子失德做壞事，所以這輩子只好贖罪、過得很慘」。這輩子我們其實可以不要被修理，可以做不一樣的選擇，因為業只有一個目的——擴展跟發展自己。簡單來說，只要原本不會的，學會了；原本不懂的，變懂了；原本沒做過、做不到的，現在做到了；這都是擴展和發展。要不要擴展和用什麼形式發展，是自己選擇的，不是該受到處罰或就該過得很慘。

轉世之間，沒有一個你無法承受的宿命在你身上，沒有一個你不得不承受的宿命在你身上。

但之所以有時候，會經歷看起來的確像是贖罪的條件或情況，那只是靈魂藉由這些設定，想要幫助自己明白可能在其他轉世裡體會不到的感受。藉由這些設定，可能是要消除由過去世以來的恐懼跟自我懲罰，或要發展那一世所不明白的同情與了解、滋養與信任，還有一些愛與力量的維持跟展現。目的是要完成擴展，而非宿命的承受。

例如，一個曾經歧視黑人的白人，可能他會在另一世以一個弱勢種族的身份出生，藉此擴展自己在靈性上，對於有關「歧視」這個題目，包括輕蔑、鄙視，也包括同情和了解，體會全部的面向，目的是令自己的人格有機會了解，並自由決定接下來要如何發展自己。

所謂的擴展，既無處罰的消極成分，卻有著更積極的目的和意義。常常我會開玩笑說：靈魂沒有那麼低級跟膚淺，在賽斯書中許多談及轉世關係的例子都可以看見，由於篇幅，底下只舉三個例子，來說明業並沒有懲罰跟罪惡，也進一步希望各位讀者，對於生命轉世的安排及人與人的緣分，更有所感。

● 蘇．華京斯

蘇．華京斯是與傳遞賽斯書的珍和羅夫婦比較親近的朋友之一。在第四五八節這次私人課程裡，賽斯對她說了一些話。起因是蘇．華京斯有過兩段婚姻，在進入第一段婚姻之前，曾經生過一個孩子，但卻跟孩子的父親沒有繼續走下去，她生下這個孩子就將他送養他人。但當她準備要進入第一段婚姻時，總是為自己曾經遺棄過一個孩子感到自責、自覺無法幸福，不知道該怎麼化解。賽斯於是對蘇．華京斯講了她跟這個小孩的轉世關係：某一世，是有馬車代步的年代，在那個轉世裡，這一世做為妳小孩的那個人，曾經是妳遠房的叔叔。有一天妳要去音樂會，這個叔叔也沒事，不知怎麼剛好是他，而你們平日並不相熟，叔叔就駕著馬車要載妳去，路途中，妳在馬車上不知怎地受了驚嚇而大叫，叔叔接著摔落馬車死掉了。

在那一世，兩人之間的關聯只是這樣：本來不熟，卻在某一天發生了這件事。可是那一世裡的蘇．華京斯沒有辦法原諒自己，覺得是自己造成了叔叔的死亡，所以很希望他活過來，也為此一直感到非常自責。當有一天兩人又要重新投胎的時候，他有其他再次投入地球為人的管道，但為了完成蘇．華京斯想讓叔叔活過來的願望，這個人的靈魂也很友善的同意：「既然妳那麼想要讓我活過來，這輩子我就讓妳生出來吧。」他想藉此表示他對她並沒有懷著怨恨。

賽斯因此告訴蘇．華京斯：「妳叔叔跟那時候的妳，這一次轉世的約定是，妳決定要成為他的媒介，讓他再一次進入物質實相。妳想要把他的命還給他，藉由妳把他生出來。於是在相當的程度上，妳覺得他是妳的責任。現在，妳已經生下了他，但妳依然繼續責怪自己，責怪自己只生下他、卻沒有養他。而做為妳的兒子的那個人，即便在那一世做為妳叔叔，也沒有責怪那個意外，更沒有責怪妳，因為在那個時間點上，其實他正在尋找一個機會結束生命，在那個情況，他造成了自己的意外及死亡。否則，為什麼偏偏是一個不熟的叔叔，而妳也莫名其妙的大叫，他就跌下馬車，竟然還一跌就死了，這整件事情，他有他自己的理由才形成了那一次的意外。所以，他根本不責怪妳，因為他知道整件事情與妳無關，可是妳卻不只在那一次自責，到這一世也依然帶著自責。妳內在的自己覺察到了這個關聯，現在的自己卻某種程度的愚弄著自己。」

蘇．華京斯這一世的自責，看起來因為「我生了一個小孩，但沒有養他」。但事實上，這個自責卻是從前一世的自己，自覺「我造成了叔叔的死亡」而開始。這一世的蘇帶著一個功課而來，她的業，是要「化解自己的自責」。可是，生完了這個小孩，非但沒有化解自責，她還加強了自己的自責。其實，蘇在生活中一直有著責怪自己的傾向，但她有意識的自我並不想面對；叔叔與孩子的事情於是要發展到這裡，目的是讓她去看見並學習「如何化解自責」這一項功課，轉化的機會終於來了。另一邊，不同轉世做為她叔叔的這個人，這一世作為一個沒有生父生母照顧的孩子成長，也在這一世的設定裡完成自己的功課，發展他自己。

賽斯對蘇說：「在這裡面，妳參與他的出生，你們各自都並沒有需要或意圖以做為家人的連結去發展這一世。」也就是說，蘇與她生下的孩子，兩人在這一世的緣分，只有「我把你生下」和「我讓你生下」，除此之外，沒有其他需要和意圖。

第一次讀到這個例子時，內心覺得太可愛了，我於是用「緣分」這兩個字來形容這種情況：有沒有可能我們與某些人之間，真的就只是沒有緣分？在心理治療中，經常遇到一些個案，家庭關係疏離，他總是很想把大家兜在一起，可是越兜越痛苦。我自己原生家庭的關係是很黏膩親近的，但並不是每一個家庭都如此，也不是這種關係形式才叫做幸福；每一個家庭都可以有自己的樣貌。假設一個孩子和父母之間，彼此在靈魂上相遇的緣分，只是要透過這個男人和女人出生，並沒有發展更深刻連結的需要和意圖；既然是沒有緣分，也可以令人內心感到寬慰，不用相互糾纏，也不用自己糾結和自責。

假設如此，仍感到內心有一個自己有某種意願，總還想要做什麼，那麼就還是去做，但這時要明白，自己是出於內心的意願和想要而做。這是一種出於歡喜的創造，絕對不需要世俗裡「因為我們是家人，所以應該要是什麼樣子」、「因為我們是情侶，所以應該要如何彼此對待」的框架，而限制了自己真實的情感。

比如在人際上，有時候我們明明感覺與某人的關係，走到漸行漸遠或保持距離是最舒服的，卻不能坦然承認和接受，然後非得要莫名的自責一番，怪自己沒有去好好維繫或經營一段感情。

倘若自我面對，是這種相見不如懷念的真實感受，請停止自責，這時可以做的事情是：將「自責」轉化成「了解與感謝」。如蘇．華京斯的情況，可以回想自己將孩子送走的初衷，並不是你不愛他，是想要讓自己活得比較好、也為孩子打算。請回歸到當時善意建設性的初衷，唯有真正讓自己過得很好，那麼，當初將小孩送走這件事情的價值才有被完成；所以，內心要感謝這個孩子走向他自己的生命，謝謝當時的離開跟成全，讓自己現在過得如此幸福，我們便會很自然地進一步感受到被愛——被自己愛、被這個未再謀面的孩子愛，也被收養了孩子但從未相識的人愛，是一種被實相和宇宙恩寵的感覺。這種恩寵感會令我們更加充滿感謝地活著，而不是帶著自責、浪費自己現在的生命。這也就是轉化。

透過對轉世概念的認識，重新探索人與人之間的關係，可以讓許多關係中的自責或怪罪，或是難以解釋的情緒，得到一個解釋或是解套。

對於轉世關係的了解，最終目的是要回到現世，發生轉化，活好當下這一個自己。因為，當下就是威力之點。比如說，你跟這個孩子的緣分的確了結了，當你現在想起他而內心充滿感謝時，你也將這善意建設性的狀態，傳遞給了正在某一處的他，但如果你現在既不去找他或無法找他，單單一直自責痛苦，每當你想起他時，這股痛苦的能量狀態，同樣也對他產生了影響。假設這股自責的能量始終無法化解，會不會死後你又告訴他：「喂，這世我為了你自責了一輩子，其他什麼事都沒。」而那個人可能說：「關我什麼事，我什麼都不知道。好啦，既然你一直覺得欠我，下輩子我再讓你還一次好了。」我莞爾地猜想，這兩人的緣分又要糾結到下一世去了。

在所有的轉世裡，後果是由活在「廣闊的現在」的你所決定的。言及此，倘若一個人想要一直自責下去，也是可以的，但結果，一定跟在這一世裡將自責轉化為感謝、相信自己被恩寵、好好活著去愛身邊所能愛的人，所創造出另外一個轉世，是完全不一樣的。

路易

第二個例子，主角是叫做路易的二十幾歲年輕人。他其實是一個表達能力很好的人，可是在某些狀況下，會出現嚴重的結巴，是從小五、六歲時的一次意外之後開始發生。路易跟他的父親住在一起，父親常常會對他提出一些無理要求，並給予嚴苛的批評，路易每次和爸爸相對的時候，就會嚴重口吃。

路易就在第八十九節的課裡，賽斯講述路易這一世表達結巴的狀況，是從十六世紀那一世開始的。原來十六世紀時的他，是在軍隊裡面的男人，當時因為性命危在旦夕，於是有一個狀況，他應該要大膽的說出來，可是他沒有；之所以在那一世沒有把該說的話說出來，是因為內心有恐懼，然後把那個恐懼帶到這輩子。不只那輩子從頭到尾，他都背負著沒有將話說出來的罪惡感，打從十六世紀持續到現在二十世紀也都如此。

路易與他的父親兩人，在十六世紀曾經作為軍中的同袍。當時的路易，在軍隊裡遇到了一個狀況被認為不忠誠，他否認了這個不忠誠，同時，軍隊抓到了另一個男人而決定是這個男人有罪時，路易知道這個人是無辜的，可是為了解救自己的性命，而讓軍隊認為這個無辜的人就是叛徒。當時的路易是唯一一個可以告訴別人他是無辜的人，但沒有說出來，這個人因此被殺死了——就是路易這一世父親。

賽斯說，路易一世又一世為這件事情付出代價，沒有人要求他要付出代價。他當時是有良心的，所以被自己的背叛困擾至極，高達四倍之多。這就已經是代價了。在最近的一個前世裡，他透過讓自己有一條手臂壞掉無用來折磨自己（沒辦法指出來）。這一世，他採用的缺陷比較小，只不過是口吃這樣煩人的小毛病（沒有辦法說出來）。這樣的小毛病其實也變成一種折磨的形式，沒有必要這樣了。

賽斯告訴路易，用其他的方式，透過建設性的行動，他大可以走出自己的路。

他為了最初的背叛所做的補償已經過頭了。在這一生，他認識這個人，而且對他很仁慈，不僅如此，並且為了他曾經出於自己的恐懼而背叛過的這個人，放棄了很多東西。

賽斯繼續又說：「業力並沒有說要以眼還眼，業力也沒有暗示任何懲罰。業力只存在物質層面上，只是個人發展的結果，代表的是，逐漸了悟我們在心靈和物質上全都是一切萬有的一部分，以及當我們傷害時，我們傷害的不是另一個人，而是自己。我們不必永遠帶著這樣的傷疤。時間一到，我們在潛意識上一定要忘記我們侵害過的地方。」

這一世作為兒子的路易，帶著十六世紀自己的罪惡感看著父親時，雖然恐慌不明白爸爸為什麼對他這麼壞，內心又覺得這是自己應得的待遇。藉由被父親無理的對待，他在為內心的罪惡感付出代價。但同時這一世作為父親的這個人，他愛兒子，可是潛意識知道也記得十六世紀被背叛的傷害，莫名其妙的對兒子苛薄，而有一種報復的感覺。

這是轉世之間的緣分與關係。兩個人面對面的時候，同時是父親跟兒子，也還是兩個軍中的同袍：用畫面來想像一下，畫面中不是兩個人，更像是四個人，是兩個人有兩組關係在同時面對面。現在的父親其實愛現在的兒子，他傷害的不是這個兒子，是兒子曾經是的那個人。在報復那一世的背叛之際，這一生的父親，傷害了兒子卻不知道為什麼，愛兒子的父親不能明白自己的殘忍，為自己彷彿被迫而無法好好對待兒子感到難受。而愛父親的兒子不能明白父親的殘忍，對自己在接收這些殘忍行為時卻報以感激之情，也無法了解。

賽斯說：作為兒子的這個人，因為自己無情的良心，歡迎這些殘忍的行為，因為它們讓自己感覺好像在苦行贖罪。目的卻是，為了一個已經完全付出代價的過錯——而當此之時，以為這樣是在贖罪，然而，接下來父親做出的每一個殘忍行為，對父親的傷害更多。其實作為兒子的這個人，他在這一世要發展的是表達力，他有絕佳的各式各樣表達能力，卻有某種根本的焦慮恐懼，害怕自己沒有表達出來的或是表達出來的，會對別人造成傷害。他害怕去表達，很怕使用自己的口才，那一世的發生所帶來的恐懼，才是他這一世要去轉化的，消除表達的恐懼，找回對自己表達能力的信任。這是他轉世的業與功課。

我們在這一生裡，讓一個轉世的課題浮上檯面，可能會透過某次意外事件、身體或心理的經驗；檯面上像是創傷後的身心狀況，可能是從轉世而來。用意是讓自己有機會去化解那一世由來的恐懼、不信任或其他內在難題。如果我們不能明白業與業力的真正意義，只做到了「我欠他，所以我該被他罵，而且我就是像現在這樣講不出話來」；那麼贖罪的行為本身，卻是對對方和自己帶來了更多傷害，而不自知。

例如在路易的情況裡，父親莫名不合理的對待孩子，小孩子經常是不了解也不知道該如何反應，所以只會也只能站在那邊；可是成年的人，知道如何才是愛，會開始感到被罵的痛苦而想有所反應，這時候，如果再讓自己每次被父親無理傷害時繼續默默站在那邊，一來，是在傷害自己，二來，也正在用沉默去攻擊父親對自己的不慈愛。

為自己所做的行為付出代價，是一件需要適可而止的事。小時候老師和課本都教我們受人點滴必當湧泉以報，然而，如果把行為與相應的代價誇大到它的份量已經不相稱，那麼，贖罪超過的時候也會帶來新的痛苦，還債超過的時候也在製造新的糾纏帳目了。與其如此，我們可以學著讓凡事剛剛好，恰如其分。不過，到什麼程度算是恰當呢？雖然我們回答不出一個確切的時間點，但如同賽斯說的：自由意志總是在裡面，由現在的你決定。或許，以前被罵的時候不會那麼痛苦，現在被罵的時候開始感到憤恨，那也就足夠了吧。

這一節課最後，賽斯給路易的建議是：「獨自生活。」賽斯要路易找一個他不會透不過氣的住所，搬出去。

因為，路易實際的難題在於，他住在家裡幫父親，在這個家庭之中的含義卻是：「我沒有在做我想做的事情，這都是你害的。」這些傷害，現在必須停在這裡——路易不能夠再讓爸爸這樣對待他，也不能再這樣對待爸爸和他自己。況且，路易本來就是一個有能力的人，他能走出自己的路。此外，很重要的還是親子間的愛，當孩子能夠自力更生，讓父母知道自己有力量、能夠照顧好自己，比起孩子很聽父母的話，這才是能夠得到最佳滋養的親子關係。

換句話說，當你獨自生活並把自己生活得很好，爸媽看到一個有能力的你，其實會為你感到開心，因為他們是愛你的；又因為你是愛爸媽的，沒有被他們虐到，自己也過得很好，彼此就會感覺到親子間的慈愛與滋養關係而互相靠近。

路易看起來像是小時候有一次意外經歷恐慌而導致的後續狀況，賽斯在課中詳細地說了那次意外。當時他自己一個人在廚房，看見爐子上的火，在驚嚇中求救無門又再被開水燙傷，導致了後來說話結巴的狀況。以精神診斷及心理病理學角度而言，這個人的口吃，是來自一次驚嚇跟創傷，然而以靈性與靈魂轉世的動力和發展層面看來，賽斯說：「這個靈魂這一世，其實一直在等待或製造機會，讓轉世的罪惡感浮出來。」目的是讓一個人的內在難題，得以學習而擴展。往往，我們以為是現在這個創傷讓自己變成這樣、開始過得不好，其實我們是要透過這一個機會，轉化成為更大且完整的自己。路易的例子和這些靈性的觀點，也幫助了我們重新理解自己生命的創傷。

● 林登夫婦與他們死去的孩子彼得

第三個例子，是一對姓氏林登的夫婦，在《靈界的訊息》裡的一段記錄。林登夫婦有個三歲的兒子彼得，他從出生的時候就比別人更聰明、更活潑、更懂事，林登說：「他從出生就是一個很特別的孩子，他健康快樂又聰明的活到了三歲，有一個晚上突然死於再生障礙性貧血症，那個症連醫學都沒有辦法說它是怎麼發生的。」他們失去一個這樣的孩子，感覺實在無法接受，於是從很遠的地方特地去參與了一堂賽斯課，想要知道為什麼這孩子會有這樣的死亡。

賽斯告訴他們：「那個孩子，是為了他自己的理由只短短的與你們在一起。他是來啟迪你們，而他做到了。」在父母感到最痛苦失落的時刻，賽斯卻說：孩子這輩子要給你們的已經完成了。因為，「在這一世裡，他並沒有打算逗留在物質實相中，他只是要來做給你們兩人看什麼是可能的，並帶領你們對內在實相有一個了解，所以在三歲的這時候，他選擇了他的病，這個病並不是胡亂降到他身上的。他沒有製造足夠的血液，是因為他已經不願意活接下來的時間。」

彼得的身體不再造血了，從物質或肉體實相來講，他得到了一種連醫學也無法解釋的疾病；然而，從心靈實相上來了解，事實是：他不要再活接下來的時間了，所以不再為自己造血。

他之所以來與這對父母在一起，是因為前生認識，不只那一世，有兩世他們都是這種關係一同生活過。某一世，他是作為這一世爸爸的叔叔，當時他們同為僧侶，對於宇宙的內在運作有極大的好奇跟研究。賽斯告訴林登：「你曾經幫助他救了他的靈魂，他現在來報恩。在那一世作為僧侶，他有一度曾經想要利用自己的才能去取得權利，利用職位去謀求私利，在那一世你阻止了他。他很感謝你阻止他沒有走上歪路，而走在他自己真正想要走的路，以至於他能完成那一世。現在，他要給你們一個推動力，他明白他死了比他活著的效力大得多。」原來，彼得成為林登夫婦的孩子，以推動林登夫婦朝向心靈實相的探索跟學習，作為對他們的回報；他知道他在這一刻死，能夠推動林登往心靈與內在的學習效率，會比他繼續活下來更大。再者，彼得自己本身就沒有要活到長成一個青年，他不想再去遇見一個年輕女子被她吸引，由於發生新的連結、又再繼續有一次物質生命。賽斯對林登夫婦說：「他對你們是一個『光』，這個光並沒有熄滅，這個光會繼續引領你們進入一個你們非如此不會得到的知識。否則，你們不會如此積極的追求它。他非常明白這個道理，他要你們開始這朝聖的歷程，而朝聖之路在你們之內。」

猶如，你摯愛的人活著時對你是一個光，死後這個光依然沒有熄滅。因為他的死亡帶領你今天來到這裡，進入自己內在的學習，只要在這學習路上，這個光就永遠存在；你知道也會永遠記得，自己之所以對生命更大的問題想要得到答案，正是因為他的死亡。當你繼續走上你內在朝聖的歷程，其實永遠跟你摯愛的人連結在一起。

賽斯提及，彼得與林登夫婦過去曾在不同的時代，一同對宇宙與科學方面努力，現在彼得已經不想追求那些，他超越了，並告訴林登夫婦：「現在不是你四處亂跑在每株樹頂找尋真理的時候。真理在你內。你的兒子不再是三歲小孩，他是個比你還老的存有。他嘗試著給你指路……他並非一個未成大器前就被奪走的孩子，而是一個當他自己的轉世業已結束時離開了你的人。他不會回來，卻繼續走向另一個實相，在那兒他能更善用他的才能。」所以按賽斯所說，彼得自己的轉世，事實上在他還沒出生之前就已經完成，這一次回來而在三歲死亡，只為了要迫使林登夫婦去追問他們現在在問的問題。

一個人明明已經完成自己的轉世，準備要到另一個層面去，他本來沒有需要再輪迴為人，這一次卻決定再回來地球，因為他要──出生做你的孩子，並且，在三歲的時候突然死掉——一切的發生，是他這一世刻意的安排，才能完成這一世再次為人的目的。這也呼應了前面章節述及的：沒有此死，此生不能適當的結束，並且一個人不僅選擇了自己的出生，也決定了自己的死亡。由生到死，本書中每章述及的種種概念，真是環環相扣。

這麼短暫三年的生命，在我們所感知到的肉體實相世界，跟在一個我們不清楚的不朽靈魂層面，其中所有的發生，到底有著什麼對應？作為一個活潑可愛的小孩、三歲時候突然不幸死亡，然而，在靈魂層面他已完成生生世世的學習，體驗已經足夠，又因為跟父母之間有個緣分，在離開人類的輪迴之前，特回來一趟才走。他是父母的孩子，卻是更老的靈魂，為了引領他們進入內在心靈實相的學習，刻意藉由他的出生到死亡來提醒：「嘿，你們本來想做的事情，不要忘記了喔。」

過去，在我們的角度，是悲慟於一個可愛三歲小孩的不幸夭折，我們總以為也希望，生命出生便該到年老壽終正寢。可是靈魂每一次轉生，都有他特定的安排選擇，藉此達到轉生的目的，帶著不同價值完成的意圖，進行一次又一次的能量轉化。我們人格上某一種害怕消失的特性，會不願意接受或一直否認其他或更大的可能性，於是緊緊抓住這一世自以為的角度和架構，而感到一種安全或圓滿。因為人格的視野太小了，要去接受死亡實在是不容易的事情，不過，至少我們可以留著林登夫婦與彼得這樣的故事在內心，有一天也許有機會用得上。

就在這一堂課裡，賽斯做了一段在我看來誠然重要的小結。他說：「我給你們我相信是最重要的資料，不論你們能否證實……你的內在自己消化了我所說的，這比你們不能證實的十頁有關人名和日期的記錄更重要，因為這些生活都是好久以前的了。」

這讓我想到，我在本書講了關於爸媽的故事，或許讀者會問：你怎麼證實？直白地說，我無法證實。然而至關重要的，並非這些資料和故事是真或假，而是，看見這些內容的時候，你消化了它，同時，你內在是否產生了什麼變化，被激起了什麼？那些在你內發生的訊息，才是對你最重要的東西。一旦出現了疑問，你也會開始找自己的答案。

我與爸媽的轉世緣分

前面提過，我是家裡的第三個女兒、小時候曾經要被送養，後來種下自己某程度「是我不好，才會被送走」的信念，我因此想去彌補那個不夠好的感覺，覺得要盡力對爸媽好，總自覺再努力更好一點。那個幼時短暫得並未實際成真的事件，卻影響了我長長的青春到青年時期。看起來，就宛如路易這一世被留在廚房中的經驗，是靈魂製造了一個機會，讓轉世的愧疚感浮現。自己抓住了這個其實可以不是創傷的創傷，是為了要完成我與爸媽轉世後再度一起進行的更大計畫。

前面也提及，某一世，爸媽是被我丟下的兒女。在那一世裡，我是一個愛女人的女人，有一個要好的女友，但是我們不敢活在這樣的感情關係裡，於是我先拋棄了女友，嫁給一個男人，覺得必須如此才能活得正確安全。婚後，我生了兩個孩子，卻沒有辦法維持這背叛自己情感的生活架構，因此又拋夫棄子，一個人跑掉了，但也沒有臉再回去找之前的女友。內心帶著出於恐懼背叛女友的歉疚，也帶著自己真實愛女人而拋夫棄子的罪惡感及歉疚，孤獨地過了那一世。為此我想要補償我的子女們，在這一世，便成為了一個起初他們打算拋棄的孩子。

二十幾歲時的我，經常問自己一個感覺既抱歉羞愧、卻又彆扭無解的問題：人家不要妳，妳為什麼還硬要來。原來，我還真的是自己硬要來的。要來彌補了結這一段關係，也要藉與他們這一次的親子關係，面對過去的恐懼與自我罪惡感的難題。我渴望獲得對人的情感以及對自己的理解、接納，和信任。這一世的我，因而對人的心理感到好奇，對於心的困惑都渴望瞭解並找出化解方式。我學習並成為心理治療者，最後帶著自己的學習，回到我的家庭和我的人際關係裡。

有一段期間，大約二十到三十歲出頭，也會覺得媽媽有時莫名的對我刻薄又依賴，而爸爸莫名的在我面前就是一個小孩子，許多事情都要我幫他處理，想起來，那些時候也許是轉世的我們在相遇。我曾經埋怨過，可是，當我理解這所有情況原來是我想做的（非常有意思的，此刻意識到，竟也與賽斯給路易的建議「獨自生活」一致，就在我三十五歲搬離父母家住到自己的房子時），不知不覺，媽媽對我也變成一個只有慈愛關係的母親。

就在那一世裡，媽媽是姊姊，爸爸是弟弟，那個姊姊因為我不在了，照顧了弟弟，使弟弟沒有因為我的不在而有所缺失。這是爸爸和媽媽的轉世關係。

曾經是弟弟的爸爸，這一世原本要回報曾經作為他姊姊的媽媽，我們約好了，但這次三人有各自的角色。可能媽媽她自己靈魂或此生人格的其他理由，而處在自覺必須受苦的體驗中，爸爸如果同意用媽媽期待被愛的方式回應她，他的人格也就不能得到渴望活得像個孩子的體驗，因此爸爸的人格有一部分對媽媽不服氣。以致這一世，他們的靈魂都原有意圖，但人格的能力不夠，兩人便相互衝突、像孩子般吵吵鬧鬧，當完了這一世夫妻。

這些，是一直以來何以我深信他們在這一世之外，還會有一個轉世的緣故。媽媽完成也放下了歹命的自己，爸爸則在媽媽離開的一百天裡面，消化了自己的不服氣。他們的靈魂，仍在持續擴大了解一切，欲完成在關係中彼此滋養的意圖。此刻，我想他們已經開始了。

林登夫婦與彼得的故事，即使並非第一次閱讀，但是在經歷爸爸媽媽的死亡之後再看，內心被震撼與感動的力道難以形容（爸爸也在一個醫學無法交代的病況下辭世。我們甚至與當時求診的醫院，事後進行了醫事調處會議）。爸爸媽媽從活至死至今，對我就像一道光。我與家人因他們的離開再次認識生命，整頓自己，並且往前。每當我們感到幸福的時刻，內心都深深知道並且感動，我們正因爸爸媽媽給我們的光而前進，而越來越好。他們與我們的連結，此生常在。

現在的位置

在這一世，你不是平白無辜被生出來，也不是平白無辜來了這個家庭、成為一份子，當然也不是平白無辜認了某某人作為另一半、生下這個孩子。今天在這裡，成為如此的自己，做著眼前的事情，所有的歷程，其來有自，是由無可計量的「每一個現在」，堆疊推演所形成。因此，現在的你就可以改變，並且現在的你就是最有力量的。

過去我們的角度，都會覺得像蘇．華京斯或是路易那樣，把孩子送養、傷害他人性命或者背叛朋友，感到愧疚，因此自責一輩子卻不明所以。然而，自責或自我罪惡的情緒，只是一種產生來令我們擴展的內在動力，令我們想要去明白學會或做到某件事；自責本身不是目的，一旦有所擴展，它就價值完成了，沒有繼續背負的需要。例如蘇．華京斯與路易雖由轉世帶來了自責，自責本身並不能令業的價值完成，「化解自責」才是完成功課，倘若能由此找到慈愛與信任——那是令價值充分完成。

若沒有明白這一點，例如，蘇在前一世為叔叔的死亡過了自責的一生，這一世已經還他一命，又要為把孩子送走再度自責一生，這樣重複的輪迴，絕非靈魂的本意及興趣。她在這一世，先是要生下孩子，藉由送走孩子，再次體驗到自責，然後令她自己有機會在後來的生命，學會不再自責，也清理轉世以來的自責，這是整個靈魂更大的計畫。

當我們從靈魂永生與轉世關係的觀點，重新看待生命，不只有了更大的視野，也有了不同的角度，使本來看似無意義的悲劇，變得有意義；使本來混亂覺得沒有道理的情況，得到了一個內在瞭解的組織。

每一個人都形成了自己的實相，每一個人為自己的目的選擇了一生的境況。即便你覺得：「我哪有要這些選擇啊？」它都仍是從一個更大的計畫而做的決定。然而，也沒有一個宿命的力量將你固定在一個角色或情況之中，你現在的人格都可以再做決定，這就是「當下就是威力之點」的意涵。那些看似不得不的發生，可能即使其他機會出現了，你也不會選擇它；更經常的是，如果沒有先走過這一遭，自己不能有所體會，也無法甘願，或是因為事情尚未發生，所以沒有辦法懂，或是在那個時候還不需要懂、還不能懂。

● 威力之點就在當下──一次重要的問答內容

曾經有位學生提出他自己的情形，問了一些問題。這例子可以幫助我們，作為瞭解轉世關係的重要附加說明。

這位學生與男友是伴侶，兩人對於宗教與輪迴轉世觀都有興趣，曾經一起去問神、進行一些宗教儀式，想知道在前世彼此之間有什麼糾葛，往後兩人之間若發生什麼事，就可以好好包容相愛、問題再難也無所謂，不然也不用彼此遷就折磨自己。可惜的是，問神之後並沒有成功看見兩人的轉世。他與男友之間，現實中主要的問題是發生在金錢方面，情況是男友偶爾會向他借錢，更多時候，是他自己在生活上也不時贊助男友的日常開銷。他說：「想知道，萬一我前世有對他怎樣的話，也就心甘情願，他需要我就幫他、能給就給；可是雖然這麼想，心裡還是會不舒服。如果，我們在一起是有靈魂的意圖跟目的，那麼，這一世要怎樣化解彼此之間的功課？要用一個前世劇情來讓自己安心？或者活在當下，回到互信互愛之中去和解，幫助彼此成長？」此外，從與男友互動、好幾次為金錢吵架中，他發現自己開始嘮叨對方：「你如果繼續這樣子沒有擔當，會不會最後我們就分手算了。」他又說明，「雖然是為了錢和男友衝突，但並不是我真的很愛計較，而是因為我想要和他一起好好過生活，這樣不是更有意義？我看到自己的意圖，但又要如何去朝這個目標行動？」

如果知道某種轉世的關係和劇情，然後讓自己感到安慰，就可以承受眼前的這件事情了嗎？

首先要強調，不論是轉世關係，或是靈魂永生，都沒有要你去承受。它其實是令你明白而豁然釋懷，找到此生的位置和著力點。如果知道了，仍無法釋懷，就代表「知道得還不夠」。比如這位學生的狀況，他說自己「真的不愛」斤斤計較，但就實相而言他「其實是」會斤斤計較。生活上的支出經常是一餐飯錢或油錢，表面上都是小錢，但內心還是一筆筆都記在心上。而我大膽的假設並告訴他：這個業，是你們兩個人在一起才發生的，那麼，推測這個功課，它也不是你一個人的，是你們兩個人一起的。

再用路易與父親的關係為例，作為十六世紀軍中同袍的他們，其實兩人都不幸，遭遇各自不同卻都恐懼，才遭受同樣的事件被誤會，他們都期待有人來救自己。結局雖然一個成為受害者、一個成為背叛者，然而，他們內在的難題一樣都是恐懼和無力，然後既期望要被另外一個人幫助、卻又不信任。許多婚姻或親密關係裡，尤其會遇到類似的狀況。我常說：「可能這個課題，不是你一個人的，你與對方是一體兩面；但因為你就是其中的一部分，事情可以由你身上就有力量來化解。」若回到這位學生的情形，現在他得先面對和化解的，是自己在金錢上的議題。

或許不一定有到恐懼的嚴重程度，但我問他：「有沒有可能，是要去探索你對錢的觀念？你在關係中金錢衝突的困擾，是否自己本來在金錢上也有某程度的恐懼或困擾，例如你害怕自己是個斤斤計較的人，你其實不想接受自己斤斤計較？」

學生告訴我：「對，是另一種恐懼，不是真正恐懼我沒有錢，而是恐懼我是一個愛錢的人。」那麼，「當你有這樣的恐懼時，對方會不會也有？」果不其然的，學生說，男友也是。

我們於是發現到自己害怕的東西了。然而，這些害怕和對自己的不接納，它是這一世的，還是是轉世的？事實上，是這一世或是轉世的，並無分別。通常大部分的議題，除了從轉世的觀念來理解接受它，往往現在──正在看見問題的自己──就可以當下找到力量，去面對處理眼前的不舒服，而不是用轉世的劇情來叫自己承受、而繼續累積業障。

在關係的一體兩面中，可以先回到個人的內在探索，先面對了自己的課題。假如你已經不害怕並也接受自己愛錢，可以自在的對金錢斤斤計較，這時候，再重新回到和伴侶之間互動，情形也就會產生微妙的不同。起碼自己的功課先做完了，再來幫對方做功課，一起創造財務上的富足。是因為你不一樣了，事情於是就會變得不一樣。

我建議這位學生可以告訴他的伴侶：「我愛你，但每次給你錢的時候其實我會心痛；因為除了愛你，其實我也是滿愛錢的一個人，但我會對錢心痛跟我愛你沒有關係。我很希望我們可以一起變得更有錢。」

在關係中，一個人可不可以這麼真誠地面對自己？當這麼真誠的時候，你接納了自己對金錢部分的欲望，也表達了對關係的重視和願景。所謂力量在自己身上，光是肯定自己現在的狀態，就已經是化解，你啟動了自己的轉化；而不是強迫自己，現在就由計較轉成不計較、從害怕變得不害怕。如果這是兩人一起的功課，也會由接下來與對方的互動中感受得到轉化正在發生。所以，並不是強要對方趕快找工作賺錢，兩人就不會有這個問題，透過對方來解決自己的功課，不會有真正的效果。

轉化是要這麼真實的，一步一步來走。許多問題，就算有轉世的關係，最終要回到的力量之處，就是現在的自己身上。了解靈魂永生和轉世概念，則令我們明白生命背後有一團更大值得瞭解與信任的心靈背景，也從中發現我們此生的意圖和目的。

10

我們在玩一個多麼愉快的遊戲啊

賽斯書中的問答

在賽斯書裡有一些賽斯與學生的問答，可以幫助我們在面對臨終與告別，以及了解靈魂與轉世時，更加完整明白。以下一併簡短地摘要。

＊一位遇到困難（太太有多重硬化症已經昏迷了一年）而前來賽斯課的男人，問：「太太一直昏迷是什麼情況，一個人在臨終之前會發生什麼事情？」

賽斯做了一個有趣的比喻，說：在這個昏迷的過程當中，是她其實準備從這一個次元到另外一個次元去，就好比我們從這個家要搬到另外一個家。還未正式搬進去之前，我們會先去看看那個新家長什麼樣子，一面視察那個新環境，一面同時也看看這個原來的家、把原來的家具重新檢視擺弄一番，決定有哪些家具要搬去新家。她正在準備遷入新家的過程中，把這些全部都準備妥當，使她到了新家感到「賓至如歸」而幾乎不覺察時，轉換就會發生。

並且在這個過程，會有嚮導來幫忙她，幫助她到全部搬進去為止。會有如同近來新興行業的「搬家整理師」，幫助不知道怎麼搬家的人，無痛而井然有序地斷捨離一番、再打包搬運。

此外，在她重新排列這些家具的時候，她也會回到童年、回到得病前的情景，但不表示她以為自己是個孩子，她只是在重新享受與經驗每一個事件。例如，可能小時候媽媽罵我、我會很傷心，但現在去重新體驗媽媽罵我，可是我現在不是那個孩子，可以自由地重溫那種情景。她正在學，過去的事情可以重新創造，使她可以失去跟疾病的認同，不再攜帶疾病前往新家。

這部分，我覺得也是在臨終之前的一種精神治療，一個人內在自發的自我療癒過程。

＊「身旁的家屬要怎麼面對？」

賽斯說：「你必須告訴她，她可以自由離去，告訴她，你欣然地給她自由，因此甚至在她死後，她也不會覺得必須繼續留在你身旁。」

其實，對於臨終的人而言，他知道你們會重聚，並且他明白也體認到，你對他的死亡沒有他自己那麼清楚。可是有時候，卻會因為你不願他離開，也會選擇待在你身邊；所以他要走他是不怕的，是活著的我們不知道彼此會重聚，所以我們不願意他離開，這樣他也會走不開。倘若有了這番瞭解：相信重聚是會發生的，你告訴他自由放心離去，可以讓他更順利的走向另外一個層面。

＊「當我們離開肉體後，我們會往哪裡去？」

賽斯回答：「你會到你想去的地方去。」

這真是可愛簡短又有力的回答。在日常清醒的意識心智中，你活在這邊，當進入夢鄉的時候，就彷彿在另一個次元旅行。但你不會問：「今天晚上我會夢到哪裡去？」而你很自然的，夢到你想去的地方去，你正在準備自己的路。在肉體之後的世界，沒有一個標準的去處或死後環境模式，當你死後，便走上你所準備的路，去你想去的地方。

＊「但當我們在世，我們為什麼還在世，或為什麼在這裡？」

我們活在這裡，賽斯說：你得先了解實相的本質，才能夠在其中操縱自如。在物質實相中，你正在學習你的思想有其實相，以及你創造你所知的實相。當你離開這次元，你就專注於你已學得的知識。如果你仍然未能領悟是你創造自己的實相，那你就回來，再一次的學習操縱，當你面對你客觀化了的實相，你便看到了內在實相的結果。你教自己一直到你學會為止。

意思就是，我們活在這邊，是為了了解自己形成並創造自己的實相這件事，藉由學會操縱跟使用內在的能量，使自己的思想與感情具體化成為物質實相，而成為這一生；當學會這件事情的時候，我們會離開這裡，如果在另一個層面裡，發現自己還是沒有領悟到這是自己創造的實相，我們就會帶著業回來，繼續發展和擴展自己的了解，直到能夠面對自己客觀化了的內在實相，開始學習如何明智處理自己的意識，做自己靈魂與心的選擇及安排。

＊「是什麼決定了我們從這一世到下一世——轉世之間時間的長短？」

賽斯再次給了可愛的答案：

「你。如果你很累，那你就休息。如果你聰明，你便花些時間來消化你的知識並且計畫你的來生，就像一個作者計畫他的下一本書一樣。如果你對紅塵有太多牽掛，或太沒耐心；或你還沒學夠，那麼你可能回來得太快。這總是由個人決定的，沒有命定這回事。因而答案在你自己內。就像現在答案就在你內一樣。」

再一次的，全都是自己可以做決定，力量在自己身上，而生死與生活中的所有答案，都在自己之內。

另外，值得一提的，在這一節問答課的末了，羅在書中寫下一段註記：在整個課堂裡面，賽斯拒絕給那些他認為不會應用前生蘊涵教訓的人轉世歷史。每一個人來到這一課，其實都想知道自己的轉世因緣和前生資歷。可是，賽斯極少給別人轉世的資料，除了內容與這一個人此生的全盤發展有直接關聯。即使這樣，賽斯也不給不會應用前生所蘊涵教訓跟資料的人訊息。因為一個人從如何去接收、詮釋，到怎麼去運用所得到的訊息，每一個環節都可能發生差池。人可能會聽錯、搞錯重點，或是拿著亂用，賽斯這時就不想講了。

在我的生死課堂中的問答

＊「你怎麼知道轉世資料的？我要如何知道自己的轉世資料？」

這是一個私密且非常個人的經驗，沒有一定的方式。但有幾個可能性的建議，可以提供給想得到轉世資料的人參考。

首先，你要有一種意願、默許跟欲望，願意安靜內觀你所知的自己，願意且想要花時間認識體驗你現在的自己。這是接收轉世訊息的先備條件。認識自己的切入點就是：為什麼要知道轉世資料？這部分探索清楚了，當資料來到面前的時候，你才知道怎麼運用。例如，本書第八章最後，提到我與一位學生的問答，原先他想透過知道轉世以便做出決定：「我到底要在關係中繼續忍痛付出，還是乾脆斬斷情絲做個了結。」顯然，在提出這個問題的當時，自己還未準備好如何應用轉世關係。因為轉世資料並沒有辦法為人擲筊定姻緣，其中的決定還是在於當下的人格。

其次，資料來到的方式，會和過去你與內在意識連結的經驗相似，往往是在一種日常而放鬆、同時專注的狀態，接近冥想的意識狀態，卻不是一個為了要找轉世資料的刻意冥想。比如，我經常是在行走移動或開車的時候，可以連結到來自比較裡面自己的聲音，那時的意識狀態，就是很放空卻很專注；那是好像聽見、好像看見，又並不真是耳朵聽到或眼睛看到的一種感知。最後，當你能夠運用轉世資料蘊含的意義時，這些資料便會來到。而運用催眠，也是可以幫助加速你對自己轉世探索了解的方式。

＊「親人往生之後，始終還是非常悲傷與思念，請問該怎麼走出來？」

不僅臨終準備是一輩子的功課，告別重生其實也要一次又一次才能完成。思念與悲傷，經常是又突如其來的。我常常也覺得自己怎麼那麼能哭，以為已經哭夠了、已經告別了，可是下一次不預期的，它竟又來一次，而你也不會知道哪一次的捨不得和眼淚會多一點或少一點、再重一點或是更輕一點。不過，思念與悲傷，是兩種不一樣的感覺。比如，在我父母過世的第一年裡，我非常的悲傷與思念，可是現在，悲傷的感覺已經縮小，思念卻依然那麼大的不用思量、自動難忘，因此我猜想，思念會是一輩子的。

親人往生之後，想哭就哭，有時候是心疼，有時候是捨不得，有時候可能是慌張，有時候是自責；但有時候的哭，其實也是感動我們這輩子在一起經歷的許多過程。然後有時候的哭，是感謝。因此，每次哭中的情緒，是多種且複雜的。可是，每當我們在說悲傷的時候，是指一種難過的心情，是一種偏向負面的感受。隨著親人往生了一段時間之後，我們得慢慢一點一點的，去釐清自己為何而悲傷：是不願意對方死掉，或是留下來的自己很難過，或是這個人走了以後再也無法愛他、一份給不出去的愛無計可消除，或是因為過去的一些遺憾感到無法彌補、而有著自責等等。一步一步釐清化解之後，悲傷一定會縮小，最後安靜在一個像是抽屜一樣的位置裡，平常沒看見，但也不會消失，偶爾有機會打開抽屜，那些悲傷也會栩栩如生，因為那都是你生命的一部分。

每一次情緒來的時候，就是再一次告別的機會，當下的種種情緒，不管是想起過去一起體驗的那些喜怒哀樂，或者現在自己的悲傷不捨，這些情緒都會進去你的裡面，一次一次成為你身體的一部分，在你裡面長出新的東西。臨終、告別和重生，都不是一個結束的句點，每一次的想起，都是新的發生，從每一次的看見中理解，每當失落無助、難過害怕，就去把它看個清晰。至於裡面有沒有答案？不急，先試著來看懂那個自己。

＊「先生過世了三年，還是有很多的自責。雖然一直勸自己，我對他已經夠好了，是他決定要走，但也一直問自己：我是不是應該也要決定跟他走才對？到現在還是沒有辦法放下、停不了自責。我為什麼會這樣？」

如果事過境遷，仍為某件事情自責或傷心，往往是因為，我們還沒完全明白這整件事情的意義。而那些意義，就在「價值完成與能量轉化」裡。由於還不明白，所以自己並沒有讓事件帶著自己轉化，事件的價值也尚未完成，因此很難釋懷。

如果一個人自責自己當時對他不夠好，我總是會問：「你愛他嗎？」如果是，我會再問：「那你相信他愛你嗎？」有些人一開始會遲疑、不肯定，不過通常說著說著，最後的答案也會是相信。因為面對自責，我們要回到摯愛的感受與信任裡去化解。

讓自己陷入自責裡，是浪費能量而不必要的一件事情，因為感受到自我責備或罪惡，其實是促使一個人去採取行動的推動力，而不是要留住這些感受來捆綁自己。但人還是很容易陷入只有自責的狀態。假如你自責對一個人不夠好，這個人若還活著，那麼當下可以做的，就是去對他好。但假如你自責對他不夠好，捫心自問又沒有辦法對他好，這樣就要去面對承認「我沒有辦法對你好，我覺得自己不夠好」的另一種自我感覺，這時，我們得來接受這個「我沒有辦法對你好的自己」，而不只是責備自己。

比如我在父母走之後，也有過自責的心情。有些人就因為自責，於是感覺應該要讓自己過得不好。可是，非但沒有過得不好，我還正因此把自己過得更好。為什麼？首先，例如媽媽沒有出過國，我自己常出國旅行卻沒能帶上媽媽這樣的遺憾，我得接受實際上不是我沒有做到，而是媽媽自己不想要；媽媽離開，就是要我不用掛心她在家、讓我放心做自己，於是我得放心去體驗我的旅行，來使這一層「媽媽放手了」的意義價值完成。其次，如果我想要帶給媽媽這份愛，但她不在了怎麼辦？我問自己：媽媽愛誰？答：我媽愛我。我要愛的那個人不在了，我想愛她，於是我要愛她愛的人，並且對於媽媽對我的接納和放手，從未停止地心懷感謝。這就是我化解那份自責的一個方法。

不論是對亡者有最大的思念或自責，都是要把自己過得很好，因為你是亡者摯愛的人，留下來的你過得很好，是他藉著死亡要帶來的價值完成之一。

＊「與周遭一些重要關係人都想要緊緊的跟他們在一起，不要分離，尤其在父母過世之後。過了很多年，發現這是自己的願望，但好像其他家人並非如此，變

成自己很積極的想要跟他們維繫連結，但每次都很失望。課中提到，如果有些人這一世的緣分就是這樣，當時聽著就有點放下，不想再強求了；可是後來也說『如果心中還有意願，就去創造』。現在我到底要如何面對，是讓緣分到這裡嗎？還是要再積極努力去創造？」

喜是乍見之歡，愛是久處不厭，人與人間互相依存、彼此作伴的關係，是活著的一種美好體驗與滋味。這是一種出於喜歡的想要，但不是因為「應該要」的強求，或因為失去後感到不安的想控制。相依作伴，尊重彼此的獨立性是很重要的。

獨立跟尊重，不表示「我不理你、你不理我」、「我不要管你、你不要管我」，也不代表要每一個人獨立做決定。獨立跟尊重，是一個人永遠可以為自己表達，每個人都可以有自己的想法，你可以有你的想法，我也可以有我的想法，卻不彼此控制勉強，也不自傷（心）傷人，最好還可以相互理解。比如說，我常跟老天爺許願希望中發票一百萬，每兩個月就一次，老天爺到現在也還沒給過我，可是我不會生氣，也不會沮喪，更不會挫折到從此再也不對發票了。在關係中表達自己的一份期待是可以的，也是很自然的。但是互相依賴與各自獨立，兩者怎麼取捨呢？記得在作家吉本芭娜娜的一本小說裡，讀過一句很簡單卻充滿意涵的話「當視野變大的時候，眼睛不要用力」。這麼簡單的道理，我們卻怎麼好像都不知道。在這段生死課裡，我們把生死的視野講得這麼大，再看生活之中的事情時，不要用力。

意思是，我可以表達我的，你也可以做你自己，然而其實都不需要用力。用在信念創造實相時，你與他人的關係不僅有你們轉世的連結，同時也有你現在創造的可能性。

很有可能，過去之所以不斷重複失望，問題在於：過去的自己想要，但又相信得不到、相信終究會失去。所以每當提出邀約的同時，心情都十分慎重惶恐「一方面想要，一方面又相信自己會被否定、會失去，同時又擔憂打擾對方」，這部分的內心狀態，就是你活在現在的人格，你現在可以做決定跟創造。就在當你理解緣分而變得不那麼慎重惶恐的時候，你視野變大了，心情也放鬆了，放鬆的時候再來創造，這時反而會更有力量，因為你已經跟過去不一樣了。我們渴望一件事情發生的時候，自己內在的掙扎和恐懼，就會使人想要控制，也會為了防衛受傷而用力，行動的能量就會不單純。信任和放鬆，才會讓我們輕輕的說話，被拒絕的時候就順勢去做些生活中其他喜歡的事，下一次想念的念頭再出現時，不要對自己假裝沒感覺，就老實再跟對方聯繫表達。真誠地跟隨自己的內心，不控制外在的局面或他人。生活且走且玩，就像是御風而行。

一九七五年一月七日，在一堂回答問題的心靈課中，那一天來了異常多的學生，大家正進入一個對死亡的討論，賽斯以比平常更強調的方式，說出這一段獨白——

死亡是什麼？

死亡是什麼？問你自己這個問題，但以我自己的方式，以一個非答案的答案，我回答你，因為我即死亡，我是我自己，有如你是你自己。我是在一個你不知的行星上的一朵小花，而我是我自己。我是你無法了解的時間上的一片霧，而我是我自己。我是一個尚未被創造的神，然而我是我自己，有如你是你自己，並且有如你是你尚未想到的思維的一部分。

你站在你自己的深谷及你的巔峰上。你即死亡而你即生命。而我即死亡而我即生命。我是以你們的說法尚未誕生的世界裡的一隻蝴蝶，然而我是在這房間裡的我自己。

我是魯柏而我是珍，而我是在後院裡的一顆石頭，然而我是我自己，與所有那些其他的實相分開，因為那些實相也是它們自己而與我的實相分開。

地球經由草說話，而草欣欣向榮，而鳥們飛來，而雪花紛飛；那是死亡而那是生命。

在此，你感覺你存在的能量，而它是死亡，它是生命，因為兩者是聯合的。再次的，以你們的說法，你將再也不會認識現在的你，然而，它永遠不會結束，而你將永遠記得它。然而以別的說法，你的存在有個歷史。以你們的說法，你能向回看到轉世的生命，但它們並不是你。

你是你自己，我是我自己。我不是魯柏，魯柏不是我。魯柏是我，我是我自己，我是魯柏而非魯柏。你是死亡而你是生命。你比你以為的自己要多，然而，你所是的自己在你實相的架構內有絕對的自由，而你甚至可以走出那實相；而你的確那樣做並曾那樣做。

我是生命而我是死亡。現在當死亡能談死亡，那即是你的答案。只有生者才是如此的啞然。思考你們的定義，以某種說法，你們全都死了，而且死了數世紀。以別的說法，你們尚未出生，而在你們走在地球表面之前，尚有數世紀要來。然而你們是活著的，而你們視為理所當然我是死了的，所以，我們在玩一個多麼愉快的遊戲啊！

以你們的說法，死和生是相對的。以那種說法，對從此時兩百年後出生的人們而言，你是死的。我親愛的朋友，從他們的實相看來，你們不存在。你們是古老的歷史，而他們在歷史書裡讀到你們。現在，從你們的觀點，你們讀歷史書。科學人檢驗山巒，他們看著岩石階層而只找到化石。從你們的實相看來，那些岩石階層是死的，而只有死的化石出現，然而那些化石是活的。死和生是相對的。從你們的觀點，你們是活的。從一個更大的觀點，你們同時既活又死，而其中並無區別。

現在，我曾經以許多語言在許多時候在許多地方說過話，而當我是個次要的教宗時，我遠較雄辯滔滔，我是個微不足道的宗教政客（以你們的說法），我能回到那個存在，而看見一個偉大的活力及蓬勃生氣，而那次要的教宗仍活著。我與他沒有接觸，然而，由於我的經驗，他成長並學習，而我由於他持續的生命而更摯愛地記得地球生命。

所以，你們同時既生又死，而其中並無區別。你現在就與你將可能是的一樣的活或死。

此段獨白的尾聲，賽斯說即便現在那個教宗（本書第一章有提到賽斯的這一世）的他仍然活著，可是他的靈魂跟他並沒有接觸了，但卻由於賽斯的經驗他成長並學習，而賽斯自己也由於他持續的生命，而在賽斯所在的層面或次元中，更摯愛地記得他曾屬於的地球生命。這是我們與不同轉世、不同次元的自己的關聯。爸媽已經離開這個地球了，看起來我與他們似乎沒有接觸了，然而，即便此刻他們已經投胎，在他們靈魂的全我裡面，一定有一個部分仍跟這一世的謝朝全、這一世的許却（爸媽的名字）有所接觸地，仍活在我的身邊；並且，他們在另一世或另一個層面裡的學習，會使這一世的爸媽成長並學習，此時，每當我感知著他們的時候，爸媽仍在他們靈魂與全我層面持續感知與我們一起經歷過的地球生命，然後帶給我們更深的摯愛和溫暖——如同威廉・詹姆士《一個美國哲學家的死後日誌》裡面比喻的，死後的世界跟活著的世界，就像是沙漠跟海洋的天空一樣，其實它們是連成一片的同一個天空，不同的心理氣候狀態——永遠在一起而沒有分開。

〈後記〉

有一天會把日子忘掉

二〇二二年七月十四日，媽媽走後十八個月、爸爸走後差五天就十四個月的日子。我自己一個人在家。臨睡前和樓下鄰居起了衝突，感覺到氣壞了卻睡不著。吃了一顆新開箱的睡眠軟糖，漸漸感覺到精神鬆軟，意識卻越發清晰，想起了一件事情。

媽媽過世的前一天，疫情正因為桃機群聚案擴大的緣故，醫院嚴格規定控管進出，不論陪、探病家屬都只能有一個人。那天白天我在醫院，晚班大姐會過來。傍晚，二姐訊息說想提早下班過來看媽媽；我心想：「好吧，趁交班時段混亂夾一個人進來，我快閃再讓大姐進來，應該沒問題。」結果二姐前腳剛進病房，爸爸竟後腳跟進，也神秘地出現在媽媽的病房裡，他很開心的提起手中便當說：「哇偷偷啊入來啊，哇買來加呷飯（台語）。」沒有錯，那陣子我們是把媽媽的病房當自家廚房進出。但這個時間點，不喜歡破壞規矩也不喜歡帶給醫護人員困擾的我，大大地發了一頓脾氣，用臭臉跟媽媽說了最後一次（當時我並不知道）再見，掉頭就走，還在家中LINE群組裡，長篇打字訓示了我（不久後竟然也死掉了）的爸爸。

那時，對我爸發脾氣的時候，我真的覺得自己在執行正確的做法。然而，如果知道那是最後一天——我又並不會知道那是最後一天——我當時以為的正確，是站在規矩和為別人立場想的，並不是站在我們一家人的立場。爸爸其實很想多陪著媽媽，我們全部都是，不過就這樣而已。

後來很多次想起那一個傍晚，我會自責那一頓脾氣和那一次自以為是，想著：「如果知道，我不應該被規矩綁住，我不應該不為我們著想。」可是，自責是全宇宙最浪費能量的一件事情，於是後來每當想起時，我總是打從靈魂敬重並且謝謝爸媽：謝謝脾氣暴躁卻性情溫和的父母，看了這樣的我四十六年，直到最後一刻。然後，提醒自己：

「往前走的時候不要忘記，在這世界上，有些珍貴而重要的東西，它超越規矩道德之外，在規矩和道德之上；遇上了的時候，妳一定要學著認出它。」

於是明白了自己為什麼面對鄰居那麼生氣卻當場啞口無言了。當他們深夜大音量播放音樂時，我下樓按鈴告訴他們現在晚上十一點了，請不要再唱卡拉ＯＫ了，女主人回應說：「我們難得明天休假、今天可以晚睡，難道我們要因為妳一個人不能過日子嗎？」當下我一句話都接不下去。返回自家後，我在心中狠狠罵了無數次髒話，×！這人太理直氣壯完全只為自己的立場和守護一家的生活著想啊！我不是要說她的對錯，也沒有要扭曲這世界的是非邏輯，我是真的很氣自己，在媽媽過世前的那一天，我為什麼沒有像她一樣單純只是為了自己和家人？而我大概還沒有學好這一件事情，因此內心感覺像被雷劈般痛苦氣憤。

剛開始時，很多次想起那一個傍晚，二姐總是傷心媽媽的最後一個晚上，她的三女兒對她老公大發脾氣，留下尷尬無奈的她和不知如何是好的二女兒在病房。有一天，我突然跟二姐說：好像是不是因為媽媽要死了，我們就要讓很多事變得很圓滿美好？可是，如果這是一部電影，我們看著這一家人的歷程：從頭到尾有吵吵鬧鬧、有開開心心，甚至吵鬧與開心平分秋色地交織著，到主角死前的最後一天，她的女兒及老公依然如故地吵鬧著，畫面出現 The End。妳會有什麼心情？我會笑出來，然後覺得：好真實喔，原來這就是人生啊。鏡頭幕後主角功德圓滿卸妝下戲。而以媽媽的個性，她應該很滿意用這一路走來始終如一的情節收尾吧。

不知道是不是自圓其說，可我又是真心這麼想的。這部電影訴說著：這一家人彼此有著許多的衝突和吵架，同時也有著許多的開心和溫馨，他們深愛著彼此，有著各自的個性，也接納著彼此。這是關於愛和接納，不完美卻完美的真實故事。

從媽媽過世後，我是這樣子第幾天、第幾天的開始記下了許多個日子，然後準備著有一天會把日子忘掉，直到我真的開始忘了要記下第幾天的時候，悲傷也就收拾好了。

風是神的答案的回答，路上的蝴蝶小花也是，後來再遇到的人也是。

後來的我們，都安好。

愛的推廣辦法

看完這本書，是否激盪出您內心世界的漣漪？

如果您喜歡我們的出版品，願意贊助給更多朋友們閱讀，下列方式建議給您：

1. 訂購出版品：如果您願意訂購一千本（印刷的最低印量）以上，我們將很樂意以商品「愛的推廣價」（原售價之65折）回饋給您。

2. 贊助行銷推廣費用：如果您認同賽斯文化的理念，願意贊助行銷推廣費用支持我們經營事業，金額達萬元以上者，我們將在下一本新書另闢專頁，標上您的大名以示感謝（每達一萬元以一名稱為限）。

請連絡賽斯文化或財團法人新時代賽斯教育基金會各地分處，我們將盡快為您處理。

●愛的連絡處

如果您認同本書的觀念及內容，想要接受我們的協助；如果您十分認同本書的理念，想依循本書的觀念成為一位助人者的角色；如果您樂見本書理念的推廣，而願意提供精神及實質的協助；請與財團法人新時代賽斯教育基金會各地分處連繫：

●台中總會　電話：04-22364612　傳真：04-22366503
E-mail: edu10731@seth.org.tw
台中市北區崇德路一段六三一號A棟十樓之一

●台北辦事處　電話：02-25420855
E-mail: taipei@seth.org.tw
台北市中山區長安東路二段四九號六樓

●新北辦事處　電話：02-26791780
E-mail: xinpei@seth.org.tw
新北市新莊區思源路一七三號十二樓

●新竹辦事處　電話：03-6590339
E-mail: hsinchu@seth.org.tw
新竹縣竹北市嘉豐六路一段九六號二樓

●嘉義辦事處　電話：05-2754886
E-mail: Chiayi@seth.org.tw
嘉義市吳鳳北路三八一號四樓

●台南辦事處　電話：06-2134563
E-mail: tainan@seth.org.tw
台南市中西區開山路二四五號十樓

●高雄辦事處　電話：07-5509312　傳真：07-5509313
E-mail: kaohsiung@seth.org.tw
高雄市前金區中山二路五〇七號四樓

●屏東辦事處　電話：08-7212028　傳真：08-7214703
E-mail: pintong@seth.org.tw
屏東市廣東路一二〇巷二號

●賽斯村　電話：03-8764797　傳真：03-8764317
E-mail: sethvillage@seth.org.tw
花蓮縣鳳林鎮鳳凰路三〇〇號

●賽斯TV　電話：02-28559060
E-mail: sethtv@seth.org.tw
新北市新店區北新路一段二九三號七樓之三

●香港聯絡處　電話：009-852-2398-9810
E-mail: info@seth.hk

●深圳市麥田心靈文化產業有限公司　許添盛微信訂閱號：SETH-CN　微信：chinaseth　電話：86-15712153855

●新加坡賽斯基金會　電話：8699-5765　E-mail: sethsingapore@hotmail.com

●馬來西亞賽斯教育基金會　電話：016-5766552　E-mail: admin@seth.org.my

●澳洲賽斯身心靈協會　電話：006-432192377　E-mail: ausethassociation@gmail.com

●台灣身心靈全人健康醫學學會　電話：02-22193379　傳真：02-22197106
E-mail: tshm2075@gmail.com
新北市新店區中央七街二六號四樓

賽斯文化 特約點

台北	佛化人生	臺北市大安區羅斯福路3段325號6樓之4　02-23632489
	墊腳石重南店	臺北市重慶南路1段3號　02-23708836
	水準書局	臺北市浦城街1號　02-23645726
中壢	墊腳石旗艦店	中壢市中正路89號　03-4228851
新竹	墊腳石新竹店	新竹市中正路38號　03-523-6984
台中	諾貝爾旗艦店	臺中市公益路186-2號　04-2320-4007
斗六	田納西書店	雲林縣斗六市民生南路6號1F　05-532-7966
嘉義	墊腳石嘉義店	嘉義市中山路583號　05-2273928
台南	政大書局台南店	台南市中西區西門路2段120號B1　06-2239808
高雄	青年書局	高雄市青年一路141號　07-332-4910
	鳳山大書城	高雄市鳳山區中山路138號B1　07-743-2143
	明儀圖書	高雄市三民區明福街2號　07-3435387
花蓮	政大書局花蓮店	花蓮市中山路547之2號3樓　038-316019

依爾達 特約點

台北	玩賽斯工作室	台北市大安區雲和街63號　02-23655616
新竹	新竹曼君的店	新竹市東南街96巷46號　035-255003
台中	賽斯興大讀書會	台中市永南街81號　0932-966251
高雄	天然園	高雄市林園區林園北路264號　07-6450406
	間隙輕展覽空間	高雄市左營區富國路450巷24號　07-5508808
美國	北加州賽斯人	sethbayareagroup@gmail.com
馬來西亞	賽斯學苑	sethlgm@gmail.com　009-60122507384
	檳城賽斯推廣中心	sethPenang@gmail.com
	檳城賽斯心靈推廣中心	sethspaceplt@gmail.com　009-601110872193

賽斯文化有聲書

www.sethpublishing.com

線上平台

許添盛醫師講解賽斯書，唯一最齊全、最詳盡的線上平台

隨選即聽，提供更自由便利的聆聽管道

每月329元，無限暢聽賽斯文化上百輯有聲書

下載離線播放，網路無國界，學習不間斷

為服務愛好收聽賽斯文化有聲書的群眾，賽斯文化特別規劃了「有聲書線上平台」，訂閱後可直接於網站上收聽，或以手機下載「Dr Hsu Online」APP，即可隨時隨地收聽包括許添盛、王怡仁及陳嘉珍等身心靈老師的精彩課程內容，提供您24小時不間斷的賽斯心法學習體驗。

➡優惠方案以賽斯文化粉絲專頁公告為準，敬請密切注意粉絲專頁最新動態。

請以Android系統手機掃瞄　請以iOS系統手機掃瞄　「賽斯文化有聲書線上平台」網站　賽斯文化粉絲專頁

回到心靈的故鄉——賽斯村工作坊

許醫師工作坊

在賽斯村，每月第三個星期六、日，由許醫師帶領的工作坊及公益講座，所有學員不斷的向內探索自己，找到內在的力量，面對及穿越生命的恐懼、困難與疾病，重新邁向喜悅、幸福、健康的生命旅程。

療癒靜心營

賽斯村精心安排的療癒靜心營，主要目的是將賽斯資料落實在生活裡，由痊癒的癌友分享他們療癒的經驗，並藉由心靈探索、團體分享等各種課程，以及不同的生活體驗，來協助每位學員或癌友成長、轉化及療癒。

賽斯村是一個靜心的好地方，尚有其他許多老師的課程可提供大家學習。歡迎大家前來出差、旅遊、學習、考察兼玩耍，一起回到心靈的故鄉。

賽斯村
•鳳凰山莊•

地址：花蓮縣鳳林鎮鳳凰路300號
電話：03-8764797
所有課程詳見賽斯村網站：www.seth.org.tw/sethvillage

心靈魔法學校 -賽斯教育中心啟建計劃

我們要蓋一所
心靈魔法學校囉！

每個人都有不可思議的心靈力量，無分性別與年紀。啟動心靈力量，可以幫助人們自幼及長，發揮潛能，實現個人價值，提升生命品質，明白我們都是來地球出差、旅遊、學習、考察間玩耍的實習神明！

理想

賽斯心靈魔法學校，是基金會實踐心靈教育的具體呈現，整合十幾年來推廣賽斯心法的經驗，精心設計一套完整的人生學習計畫，從入胎、誕生至臨終，象徵人類意識提升的過程。讓賽斯引領每一個人回到心靈的故鄉。

現址

只要每個人一點點的心力，就能共同創造培育『心靈』與『物質』同時豐盛的魔法學校。
第一期建設經費預估四千萬，懇請支持贊助。
賽斯教育中心預定地，設置在台中潭子區，佔地167坪
弘文中學旁邊(中山路三段275巷)

共同創造

賽斯教育中心啟建計畫　贊助專戶
戶名：財團法人新時代賽斯教育基金會
銀行：國泰世華銀行-台中分行(013)
帳號：006-03-500490-2

SethTV

心情。筆記

Note

心情。筆記

Note

心情。筆記

Note

心情。筆記

Note

心情。筆記

Note

心情。筆記

Note

國家圖書館出版品預行編目（CIP）資料

盡興而歸：我在臨終與告別學到的一些事 / 謝明君著. -- 初版. -- 新北市：賽斯文化事業有限公司, 2025.04

面；公分. -- (謝明君作品；3)

ISBN 978-626-7332-97-9(平裝)

1.CST：生死學 2.CST：生死觀 3.CST：生命哲學

197 114001382

每天的生活，都是靈魂的精心創造

You create your own reality.

每天的生活，都是靈魂的精心創造

You create your own reality.